职业教育校企合作"互联网+"新形态教材

# 安全技术防范系统施工

主　编　杨录田

副主编　汪　丽

参　编　叶春燕　曹　帅　徐辉壮　陈　晨

主　审　陈继斌

机械工业出版社

本书共分 4 个项目，项目 1 为对讲门禁及室内安防系统，内容包含单住户对讲门禁系统设计安装与调试、多住户对讲门禁系统设计安装与调试、室内安防系统设计安装与调试和综合对讲门禁系统设计安装与调试；项目 2 为视频监控及周边防范系统，内容包含视频监控系统基础知识、普通摄像机安装与调试、高速球形摄像机安装与调试和网络视频监控及周边防范系统安装与调试；项目 3 为防盗报警系统，内容包含防盗报警系统基础知识、六防区报警主机 DS6MX 防盗报警系统安装与调试、大型报警主机 DS7400 防盗报警系统安装与调试和综合防盗报警系统安装与调试；项目 4 为巡更管理系统，内容包含巡更管理系统基础知识与巡更设备的安装和巡更管理系统的调试。

本书适合作为职业院校、技工院校安全防范技术、安全防范工程、楼宇智能化、智能建筑等专业的教材，对于安全防范工程人员、管理人员、自学者也有很好的参考价值。

为方便教学，本书有配套 PPT 课件、电子教案及视频资源（二维码形式），凡购买本书作为授课教材的教师可登录机械工业出版社教育服务网（www.cmpedu.com）注册后免费下载。

## 图书在版编目（CIP）数据

安全技术防范系统施工 / 杨录田主编 . —北京：机械工业出版社，2024.3
职业教育校企合作"互联网+"新形态教材
ISBN 978-7-111-75425-1

Ⅰ . ①安…　Ⅱ . ①杨…　Ⅲ . ①保卫工作 – 中等专业学校 – 教材
Ⅳ . ① D631.3

中国国家版本馆 CIP 数据核字（2024）第 059054 号

机械工业出版社（北京市百万庄大街 22 号　邮政编码 100037）
策划编辑：赵红梅　　　　　　　责任编辑：赵红梅　舒　宜
责任校对：郑　雪　宋　安　　　封面设计：王　旭
责任印制：邵　敏
北京富资园科技发展有限公司印刷
2024 年 6 月第 1 版第 1 次印刷
210mm×285mm · 12 印张 · 294 千字
标准书号：ISBN 978-7-111-75425-1
定价：37.00 元

电话服务　　　　　　　　　网络服务
客服电话：010-88361066　　机 工 官 网：www.cmpbook.com
　　　　　010-88379833　　机 工 官 博：weibo.com/cmp1952
　　　　　010-68326294　　金 书 网：www.golden-book.com
**封底无防伪标均为盗版**　机工教育服务网：www.cmpedu.com

## 前言
## ▶ PREFACE

　　本书根据建筑智能化行业相关设计施工验收及运维规范标准、全国职业院校技能大赛建筑智能化系统安装与调试赛项的竞赛内容、相关知识点、考核技能任务目标等，以"THBCAS-2B型楼宇智能安防布线实训系统"实训装置为载体，按照一体化教学理念编写而成。本书突出能力本位，注重工匠精神、工艺及规范化操作技能的培养，注重对学生设计、识图、安装、运行、调试及故障检测等知识培养，为推动职业学校建筑智能化工程相关专业的建设和实训教学改革，促进工学结合人才培养模式的改革与创新提供参考。

　　本书设置对讲门禁及室内安防系统、视频监控及周边防范系统、防盗报警系统、巡更管理系统四大项目。各项目结合工程实践，包含明确工作任务、施工前准备、现场施工、总结与评价等学习活动。本书图文并茂，是一本"互联网+"教材，书中附有二维码教学资源链接，覆盖建筑智能化行业安全技术防范系统新技术、新设备、新系统及工程经验等。

　　本书由海南省技师学院杨录田担任主编并统稿，海南省技师学院汪丽担任副主编，北京金隅科技学校叶春燕、海南洋浦经济开发区高级技工学校曹帅、海南省机电工程学校徐辉壮、海南省技师学院陈晨参与编写。

　　本书由郑州轻工业大学陈继斌教授主审并提出了不少改进意见，浙江天煌科技实业有限公司杨晓利对本书提出了许多建设性意见，本书在编写过程中得到了海湾安全技术有限公司、杭州海康威视数字技术股份有限公司、北京兰德华电子技术有限公司等安防行业、企业专家的指导与帮助，同时也参考了大量工程实际案例、具体设备应用功能和企业内部资料，有些资料并未注明出处，故无法一一列出，在此一并表示衷心感谢。

　　本书虽然经过反复修改，但限于作者的水平，书中难免还会有一些不足和疏漏之处，恳请广大读者批评指正。

编　者

| 名称 | 二维码 | 页码 | 名称 | 二维码 | 页码 |
|---|---|---|---|---|---|
| 施工工艺线缆制作 | | 5 | 网络视频监控系统设备安装 | | 62 |
| 对讲门禁系统设备安装 | | 11 | 网络视频监控系统线路敷设 | | 76 |
| 对讲门禁系统设备介绍 | | 23 | 防盗报警系统介绍 | | 108 |
| 对讲门禁系统线路连接 | | 32 | 防盗报警系统安装 | | 121 |
| 对讲门禁系统调试 | | 41 | 防盗报警系统接线 | | 133 |
| 网络视频监控系统设备介绍 | | 54 | 巡更系统 | | 161 |

# CONTENTS

# 绪论

## ▶▶ 项目目标

### 1. 知识目标

（1）掌握智能建筑的基本概念。
（2）了解智能建筑的系统组成和功能。
（3）认识楼宇智能安防实训设备。

### 2. 能力目标

（1）具备新技术接受和掌握能力。
（2）具备楼宇智能安防系统实训工具的使用能力。

### 3. 素养目标

（1）培养安全、环保及职业卫生意识。
（2）弘扬工匠精神，激励学生走技能成才之路。

## ▶▶ 职业技能要求

本项目学习对应"综合安防系统建设与运维（中级）"职业技能：根据业务需求，完成对讲门禁及室内安防系统、视频监控及周边防范系统、防盗报警系统、巡更管理系统的现场勘察、硬件产品安装、线缆连接部署、设备升级、硬件产品和工具的基础配置、软件编程等工作任务。

## ▶▶ 工作流程与活动

了解楼宇智能安防系统；根据楼宇工程中安防的特点，实训内容包括对讲门禁及室内安防系统、视频监控及周边防范系统、防盗报警系统、巡更管理系统 4 个子系统，每个子系统又包含多个学习任务；实训任务的安排根据职业院校学生对技能的接受情况逐渐深入，任务的设置注重学生专业知识及必备能力的培养。

## 任务0.1 智能建筑的概念

　　"智能建筑"的定义是什么？什么样的建筑才算是智能建筑？目前世界上对智能建筑的提法很多，各国及国际智能工程学会的提法各有不同，至今尚未形成统一的说法。形成这一局面的主要原因是智能建筑的含义随着科技的发展在不断地发展、补充和完善。在智能建筑发展的历程中，早期曾有下面几种定义。

　　美国智能大厦协会（AIBI）认为：智能建筑通过对建筑物的四个基本要素（即结构、系统、服务、管理）及它们之间的内在关联的最优化考虑，提供一个投资合理而又拥有高效率的舒适、温馨、便利的环境，并且帮助大楼的业主、物业管理人、租用人等关注费用、舒适、便利及安全等方面的目标，兼顾到长期的系统灵活性及市场的适应能力。

　　欧洲智能建筑组织（The European Intelligent Building Group）把智能建筑定义为："使用户发挥最高效率，又以最低的保养成本，最有效率地管理本身资源的建筑。"智能建筑应提供"反应快、效率高和有支持力的环境，使用户能达到其业务目标"。

　　日本是从以下四个方面来定义智能建筑的：

　　（1）作为收发信息和辅助管理效率的轨迹。

　　（2）确保在建筑里工作的人们满意和便利。

　　（3）建筑管理合理化，以便用低廉的成本，提供更周到的管理服务。

　　（4）针对变化的社会环境、复杂多样化的办公，以及主动的经营策略，做出快速灵活和经济的响应。

　　新加坡规定智能建筑必须具备三个条件：

（1）具有先进的自动化控制系统，能对建筑内的温度、湿度、灯光等进行自动调节，并具有消防、保安功能，以保证舒适、安全的环境。

（2）具有良好的通信网络设施，保证数据在建筑内流通。

（3）提供足够的对外通信设施与能力。

在总结智能建筑的多种定义的基础上，我国智能建筑学科领域的研究人员运用现代科学与技术发展的观点来定义智能建筑，并强调其具有多学科性和多技术系统综合集成的特点。2000 年 7 月，我国建设部正式颁布了智能建筑国家标准《智能建筑设计标准》（GB/T 50314 —2000），在标准中对智能建筑明确做出了如下的定义：

智能建筑是以建筑为平台，兼备建筑设备、办公自动化及通信网络系统，集结构、系统、服务、管理及它们之间的最优化组合，向人们提供安全、高效、舒适、便利的建筑环境。它的具体内涵是：以综合布线为基础，以计算机网络为桥梁，综合配置建筑内的各种功能子系统，全面实现对通信系统、办公自动化系统、建筑内各种设备（空调、供热、给水排水、变配电、照明、电梯、消防、公共安全等）的综合管理。

## 任务 0.2　智能建筑系统的组成和功能

### 一、智能建筑系统的组成

智能建筑的核心是"3A"，即建筑设备楼宇自动化系统（BAS），通信自动化系统（CAS），办公自动化系统（OAS）。智能建筑构成示意图如图 0-2-1 所示。智能化建筑就是通过综合布线系统（PDS）将这 3 个系统进行有机的综合，使建筑内各项设施的运转机制达到高效、合理和节能的要求。社会上"4A、5A、6A、7A"等宣传，实际上是在建筑设备自动化系统的基础上进一步细化。

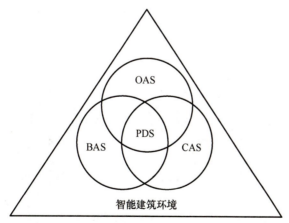

图 0-2-1　智能建筑构成示意图

### 二、楼宇自动化系统

楼宇自动化系统对建筑物内的各种机电设备的运行状况进行实时控制和管理。按照设备的功能、作用及管理模式，该系统可以分为安防监控系统、照明监控系统、给水排水监控系统、消防控制系统、空调及通风监控系统、供配电监控系统和交通监控系统。本书仅对楼宇自动化系统中的安防监控系统进行介绍。楼宇自动化系统组成框图如图 0-2-2 所示。

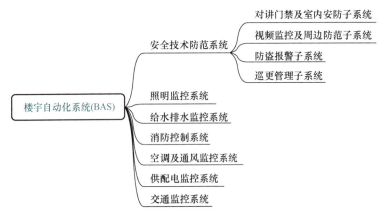

图 0-2-2　楼宇自动化系统组成框图

## 任务0.3　安全技术防范系统实训设备及装调工具介绍

### 一、安全技术防范系统实训设备介绍

实训系统以建筑模型为平台，采用模块化结构，由现场区域和管理中心两部分组成。安全技术防范系统实训系统外观如图 0-3-1 所示。该实训系统可完成可视对讲门禁及室内安防、网络视频监控及周边防范、防盗报警及周边防范、巡更的实训和考核。

实训系统整体结构采用开放式和拆装式设计，框架由铝合金型材和网孔板组成，器件通过膨胀安装卡安装到网孔板上，与智能化工程一致，同时便于学生对上述各子系统进行组装、接线和调试。

图 0-3-1　安全技术防范系统实训系统外观

## 二、实训装调工具及元件介绍

### 1.鸭嘴钳

鸭嘴钳是电工、电动机修理、仪器仪表电工常用的工具之一。它用于剥除电线头的表面绝缘层，鸭嘴钳的结构如图 0-3-2 所示。

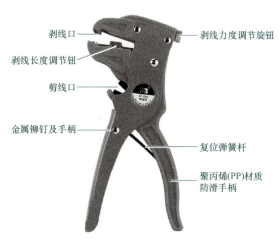

剥线口
剥线力度调节旋钮
剥线长度调节钮
剪线口
金属铆钉及手柄
复位弹簧杆
聚丙烯(PP)材质
防滑手柄

施工工艺线缆
制作

图 0-3-2　鸭嘴钳的结构

使用方法：
（1）将需要剥线皮的电线剪平。
（2）调节好要剥皮的长度。
（3）把线材插入钳口。
（4）用力按压钳柄，就可以把钳口中的线材的线皮剥去。
（5）多根线的剥线皮的方法也是一样的。
（6）如果剥线口的压力过大，可以将压力调小，不容易把线压断。

### 2.针形端子压接钳

针形端子压接钳的结构如图 0-3-3 所示。

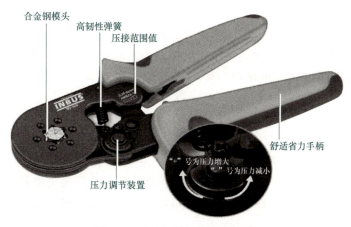

合金钢模头
高韧性弹簧
压接范围值
舒适省力手柄
"+"号为压力增大
"−"号为压力减小
压力调节装置

图 0-3-3　针形端子压接钳的结构

使用方法：

（1）将所需压接导线进行剥线，并将导线套入端子。

（2）将端子放进钳口，并用力按压下手柄，直到听到"咔"的一声后松开手柄。

（3）将端子取出，进行拉力测试。

### 3. 裸端子压接钳

裸端子压接钳的结构如图 0-3-4 所示。

使用方法：

（1）将端子按规格在压接口放好。

（2）把已剥皮导线放进端子并开始压接。

（3）施加压力完成压接，取出进行拉力测试。

### 4. 网线钳

网线钳的结构如图 0-3-5 所示。

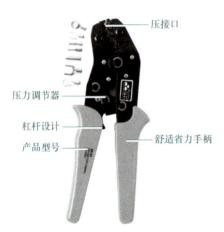

图 0-3-4　裸端子压接钳的结构

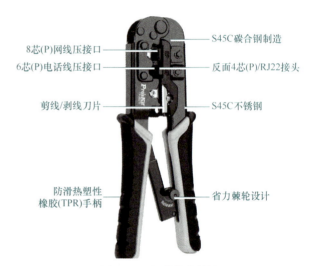

图 0-3-5　网线钳的结构

使用方法：

（1）将网线放入专业剪线口，稍微用力握紧线钳，旋转剪开外皮，去除线头，剥开。

（2）整理线芯顺序，把网线剪齐，将网线插入水晶头底部。

（3）将水晶头插入相应压接口，网线钳与水晶铜片对齐，用力压接，完成水晶头压制。

### 5. 电烙铁

电烙铁是电子制作和电器维修的必备工具，主要用途是焊接元件及导线，按机械结构可分为内热式电烙铁和外热式电烙铁，按功能可分为无吸锡电烙铁和吸锡式电烙铁，按用途不同又分为大功率电烙铁和小功率电烙铁。常见的电烙铁如图 0-3-6 所示。

a) 大功率电烙铁    b) 小功率电烙铁    c) 恒温式电烙铁

图 0-3-6  常见的电烙铁

电烙铁使用注意事项：

（1）电烙铁使用前应检查使用电压是否与电烙铁标称电压相符。

（2）电烙铁应该接地。

（3）电烙铁通电后不能任意敲击、拆卸及安装电热部分零件。

（4）电烙铁应保持干燥，不宜在过分潮湿或淋雨环境使用。

（5）拆烙铁头时，要切断电源。

（6）切断电源后，最好利用余热在烙铁头上一层锡，以保护烙铁头。

（7）当烙铁头上有黑色氧化层时，可用砂布擦去，然后通电，并立即上锡。

（8）海绵用来收集锡渣和锡珠，用手捏刚好不出液滴为宜。

### 6. 焊锡丝

常见的焊接材料如图 0-3-7 所示。

a) 焊锡丝    b) 松香

图 0-3-7  常见的焊接材料

锡丝规格有：直径为 0.3mm、0.4mm、0.5mm、0.6mm、0.8mm、1.0mm 及 1.2mm 等，每种直径的锡丝又可分为带松香型及不带松香型。锡丝的熔点稳定约为 183℃。

松香（助焊剂）有三大作用，具体如下。

（1）除氧化膜：实质是助焊剂中的物质发生还原反应，从而除去氧化膜，反应生成物变成悬浮的渣，漂浮在焊料表面。

（2）防止氧化：松香熔化后，漂浮在焊料表面，形成隔离层，因而防止了焊接面的氧化。

（3）减小表面张力：增加焊锡的流动性，有助于焊锡湿润焊件。

### 7. 热缩管

热缩管是一种特制的聚烯烃材质热收缩套管。它的外层由优质、柔软的交联聚烯烃材料及热熔胶复合加工而成，外层材料有绝缘防蚀、耐磨等特点，内层材料有低熔点、防水密封和高黏结性等优点。热缩管如图 0-3-8 所示。

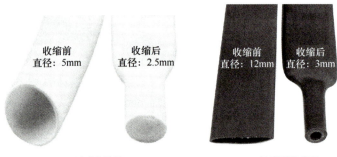

收缩前
直径：5mm

收缩后
直径：2.5mm

收缩前
直径：12mm

收缩后
直径：3mm

a) 圆形热缩管　　　　　　　　　b) 扁形热缩管

图 0-3-8　热缩管

热缩管具有高温收缩、柔软阻燃、绝缘防蚀的特点，广泛应用于各种线束、焊点、电感器的绝缘保护，金属管、棒的防锈、防蚀等。热缩管的电压等级多为 600V。

### 8. 常用元件

在实际施工过程中，还会用到各种端接元器件，如端子排、辫子线、各种冷压端子和标签管等，外形结构如图 0-3-9 所示。

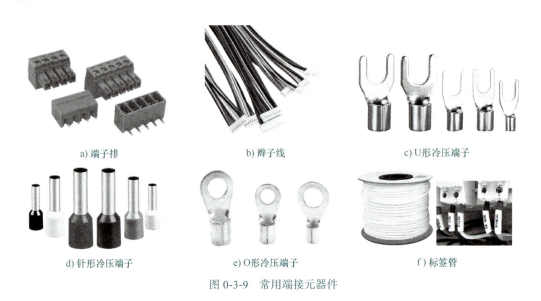

a) 端子排　　　　　　　　b) 辫子线　　　　　　　　c) U形冷压端子

d) 针形冷压端子　　　　　e) O形冷压端子　　　　　　f) 标签管

图 0-3-9　常用端接元器件

▶▶ 知识拓展

## 鲁班的工匠精神

许多年前，有个叫鲁班的人，他出生在一个贫穷的家庭中。尽管环境贫困，但鲁班从小就对木器制作产生了浓厚的兴趣。每当他看到美丽的家具或精巧的工艺品时，总是充满了好奇和钻研的欲望。

鲁班没有机会接受正统的木工训练，他只能依靠自己的天赋和努力来学习。他观察大师的木工制作技巧，并在家中用简陋的工具练习。

在那些年代，没有现代化的机器，木工们需要耐心地运用手工工具一点一点地雕刻、打磨，细心处理每一块木头。这样的精细工作需要纯熟的技艺和扎实的基础。鲁班渴望突破传统的木工制作方法，他开始尝试一些新的技术。

鲁班知道，创新并不是随随便便可以做到的。他为了学习新技术，去了很多地方，向其他木工请教，他还去了一个木工作坊实习，学习先进的木工制作工艺。他不断地尝试，不断地修改，直到他沉淀出一套属于自己的独特的木工技术。

后来，鲁班发明了一种可自行调节角度和高度的锯子。这种创新的工具可以大大提高木工制作的效率和精度，很快便成为众多木工师傅追捧的对象。

鲁班并不止步于此，他不断尝试新的方法和工具。他发明了一种木胶，用于拼接不同形状的木块，从而制作出更加复杂、精美的木工产品。这种木胶不仅耐久，还可以在干燥后变得非常坚固。通过这种新的技术，鲁班的木工作品越来越受到人们的认可和赞誉。

鲁班的成功并非幸运，这完全是建立在他对工匠精神的追求和坚持上的。他几乎每天都花很多时间在实验和制作中，不怕失败。他相信，只要坚持不懈地尝试，总会取得突破。

鲁班的工匠精神让他闻名于世。他的创新和技术变革不仅带动了木工行业的发展，也激励了其他行业从业者。他的故事流传至今，成为一个典范。

这个故事告诉我们，只有具备工匠精神，才能在自己的领域里不断创新和突破。无论是工艺制作还是其他行业，只有熟练运用自己掌握的技能，发展出独特的方法，才能脱颖而出。与此同时，也需要不断学习和吸取新的知识，紧跟行业的发展趋势。这样，才能让自己逐渐接近或超越顶尖水平。

# 项目 ①
## 对讲门禁及室内安防系统

>> **项目目标**

### 1.知识目标

（1）掌握对讲门禁及室内安防系统的基本原理及组成。
（2）掌握对讲门禁及室内安防系统各类设备的安装标准及施工工艺。
（3）掌握对讲门禁及室内安防系统的调试步骤。

### 2.能力目标

（1）具备对讲门禁及室内安防系统工程图识读能力，设备的安装及调试能力。
（2）具备各类冷压端子、线端绝缘制作能力。
（3）具备可视对讲主机的调试编程、故障排除能力。

### 3.素养目标

（1）培养安全、环保及职业卫生意识。
（2）培养沟通协调、团队协作、解决问题及总结、表达能力。
（3）弘扬工匠精神，激励学生走技能成才之路。

>> **职业技能要求**

本项目学习对应"综合安防系统建设与运维（中级）"职业技能：根据业务需求，完成对讲门禁及室内安防系统的现场勘察、硬件产品安装、线缆连接部署、设备升级，以及硬件产品和工具的基础配置等工作任务。

>> **工作流程与活动**

根据学习任务要求和工作过程的逻辑分析任务流程，将本次学习任务的学习内容分解为：明确工作任务、施工前准备、现场施工、总结与评价四个部分。

必备能力

分析任务书　门禁设备安装使用方法　　设备安装及接线　　作品展示评价
收集素材　探测器的安装使用方法　系统功能调试　　　阐述汇报
　　　　端子含义及连接关系　　　　　　　　　调整优化

明确工作任务　→　施工前准备　→　现场施工　→　总结与评价

对讲门禁
及室内安防
系统设计安装
与调试

自主学习　　　设计装调方案　　独立完成　　语言表达能力
归纳知识　　　自我探究　　　　诚信价值　　专业分析能力
　　　　　　　　　　　　　　　　　　　　　文明交流能力

专业素养

---

## 任务1.1　单住户对讲门禁系统设计安装与调试

### 工作情景描述

某住户要求安装一套对讲门禁系统，该系统要求实现室外机和多功能室内分机对讲功能、密码开门功能、刷卡开门和传统钥匙开门等功能，按要求完成相关工作任务。

对讲门禁系统
设备安装

### 任务目标

**知识与技能目标：**

（1）掌握多功能室内分机接线端结构。

（2）掌握室外主机接线端结构及接线端作用。

（3）掌握联网器接线端结构及作用。

**过程与方法目标：**

（1）能通过阅读设备安装任务单和现场勘察，明确工作任务要求。

（2）能够根据任务要求和实际情况，合理制订工作计划。

（3）能够根据工作计划和尺寸要求正确完成系统安装。

（4）能够根据任务要求完成系统各项功能的调试。

（5）能够对任务实施做出合理的总结和评价。

**态度与价值观目标：**

提升设计职业能力，培养工匠精神、环保与可持续发展理念。

**建议课时** 10 课时。

# 学习活动 1　明确工作任务

## 一、阅读施工任务单

阅读施工任务单，了解本次施工任务的工作内容，制订施工计划，完善施工相关信息，并填写表 1-1-1。

表 1-1-1　单住户对讲门禁系统设计安装与调试施工任务单

工程项目名称：单住户对讲门禁系统设计安装与调试

| 工种 / 班组长 | | 施工日期 | | |
|---|---|---|---|---|
| 序号 | 施工部位 / 任务纪要 | 作业人数 | 开始时间 | 结束时间 |
| 1 | 设备、耗材选取购买 | | | |
| 2 | 设备安装、接线 | | | |
| 3 | 设备参数调试 | | | |
| 4 | 现场清理 | | | |
| 近期作业人员进场计划及施工进场计划 | | | 工程量计算方式 | |
| | | | | |
| | | | 完成质量 | |
| | | | 安全文明生产情况 | |
| 备注：所有施工人员施工前，应了解施工图接线要求、任务要求、技术要求和施工要点。进入施工现场要佩戴安全帽，系好帽扣，高空作业时必须系好安全带。注意安全用电，注意现场卫生 | | | 派工员 | |
| | | | 班组长接收人 | |

## 二、认识设备元器件，勘察施工现场

（1）勘察单用户对讲门禁系统设备安装施工现场的基本情况（包括安装位置、尺寸要求、线路连接等情况），做好记录。

（2）识读设备器件说明书，记录每个设备器件的参数。

# 学习活动 2　施工前准备

## 一、认识多功能室内分机

### 1. 认识多功能室内分机的外形

多功能室内分机的外形如图 1-1-1 所示。

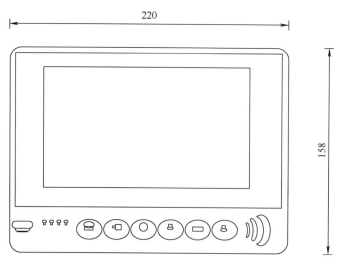

图 1-1-1　多功能室内分机的外形

### 2. 掌握多功能室内分机接线端子的含义

多功能室内分机接线端子包含主干端口、门前铃端口、安防端口和警铃端口，如图 1-1-2 所示。多功能室内分机接线端子说明见表 1-1-2。

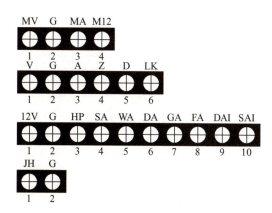

图 1-1-2　多功能室内分机接线端子示意图

表 1-1-2　多功能室内分机接线端子说明

| 端口号 | 端子序号 | 端子标识 | 端子名称 | 连接设备名称 | 连接设备端口号 | 连接设备端子号 | 说明 |
|---|---|---|---|---|---|---|---|
| 主干端口 | 1 | V | 视频 | 层间分配器/门前铃分配器 | 层间分配器分支端子/门前铃分配器主干端子 | 1 | 单元视频/门前铃分配器主干视频 |
| | 2 | G | 地 | | | 2 | 地 |
| | 3 | A | 音频 | | | 3 | 单元音频/门前铃分配器主干音频 |
| | 4 | Z | 总线 | | | 4 | 层间分配器分支总线/门前铃分配器主干总线 |
| | 5 | D | 电源 | 层间分配器 | 层间分配器分支端子 | 5 | 室内分机供电端子 |
| | 6 | LK | 开锁 | 住户门锁 | | 6 | 对于多门前铃,有多住户门锁,此端子可空置 |
| 门前铃端口 | 1 | MV | 视频 | 门前铃 | 门前铃 | 1 | 门前铃视频 |
| | 2 | G | 地 | | | 2 | 地 |
| | 3 | MA | 音频 | | | 3 | 门前铃音频 |
| | 4 | M12 | 电源 | | | 4 | 门前铃电源 |
| 安防端口 | 1 | 12V | 安防电源 | 室内报警设备 | 外接报警器、探测器电源 | 各报警前端设备的相应端子号 | 给报警器、探测器供电,供电电流≤100mA |
| | 2 | G | 地 | | | | 地 |
| | 3 | HP | 求助 | | 求助按钮 | | 紧急求助按钮接入口常开端子 |
| | 4 | SA | 防盗 | | 红外探测器 | | 接与撤/布防相关的门、窗磁传感器、防盗探测器的常闭端子 |
| | 5 | WA | 窗磁 | | 窗磁 | | |
| | 6 | DA | 门磁 | | 门磁 | | |
| | 7 | GA | 燃气探测 | | 燃气泄漏 | | 接与撤/布防无关的烟感、燃气探测器的常开端子 |
| | 8 | FA | 感烟探测 | | 火警 | | |
| | 9 | DAI | 立即报警门磁 | | 门磁 | | 接与撤/布防相关门磁开关传感器、红外探测器的常闭端子 |
| | 10 | SAI | 立即报警防盗 | | 红外探测器 | | |
| 警铃端口 | 1 | JH | 警铃 | 警铃 | 警铃电源 | 1 | 电压:DC14.5～DC18.5V电流≤50mA |
| | 2 | G | 地 | | 警铃地 | 2 | 警铃地 |

## 二、认识室外主机

### 1. 认识室外主机的外形

室外主机的外形如图 1-1-3 所示。

### 2. 识读室外主机安装过程分解图

室外主机安装过程分解如图 1-1-4 所示。

（1）门上开好孔位（已开好）。

（2）把传送线连接在端子和线排上，插接在室外主机上。

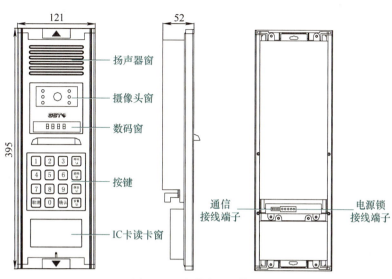

图 1-1-3 室外主机的外形

（3）把室外主机和嵌入后备盒放置在门板的两侧，用螺丝牢固固定。

（4）盖上室外主机上、下方的小盖。

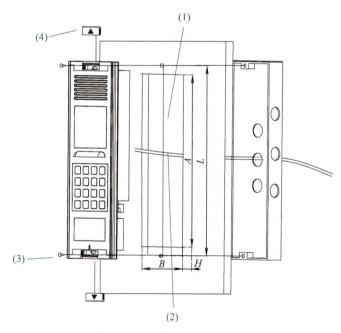

图 1-1-4 室外主机安装过程分解

### 3. 掌握室外主机接线端子的含义

室外主机接线端子包含电源、锁端子和通信接线端子，电源、锁端子说明见表1-1-3，通信接线端子说明见表1-1-4。

表 1-1-3　电源、锁端子说明

| 端子序号 | 端子标识 | 端子名称 | 与总线层间分配器连接关系 |
| --- | --- | --- | --- |
| 1 | D | 电源 | 电源 +18V |
| 2 | G | 地 | 电源端子 GND |
| 3 | LK | 电控锁 | 接电控锁正极 |
| 4 | G | 地 | 接锁地线 |
| 5 | LKM | 电磁锁 | 接电磁锁正极 |

表 1-1-4　通信接线端子说明

| 端子序号 | 端子标识 | 端子名称 | 连接关系 |
| --- | --- | --- | --- |
| 1 | V | 视频 | 接联网器室外主机端子 V |
| 2 | G | 地 | 接联网器室外主机端子 G |
| 3 | A | 音频 | 接联网器室外主机端子 A |
| 4 | Z | 总线 | 接联网器室外主机端子 Z |

## 三、认识联网器

### 1. 认识联网器接线端子

联网器接线端子如图 1-1-5 所示。

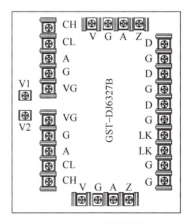

图 1-1-5　联网器接线端子

### 2. 联网器对外接线端子说明

联网器对外接线包含室内方向、室外方向、外网方向和元器件工作所需电源。其中，电源端子（XS4）见表 1-1-5，室内方向端子（XS2）见表 1-1-6，室外方向端子（XS3）见表 1-1-7，外网端子（XS1）见表 1-1-8。

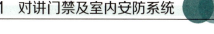

表 1-1-5 电源端子（XS4）

| 端子序号 | 端子标识 | 端子名称 | 连接关系（POWER） |
|---|---|---|---|
| 1 | D+ | 电源 | 电源 D |
| 2 | D– | 地 | 电源 G |

表 1-1-6 室内方向端子（XS2）

| 端子序号 | 端子标识 | 端子名称 | 连接关系（USER1） |
|---|---|---|---|
| 1 | V | 视频 | 接单元通信端子 V（1） |
| 2 | G | 地 | 接单元通信端子 G（2） |
| 3 | A | 音频 | 接单元通信端子 A（3） |
| 4 | Z | 总线 | 接单元通信端子 Z（4） |

表 1-1-7 室外方向端子（XS3）

| 端子序号 | 端子标识 | 端子名称 | 连接关系（USER2） |
|---|---|---|---|
| 1 | V | 视频 | 接室外主机通信接线端子 V（1） |
| 2 | G | 地 | 接室外主机通信接线端子 G（2） |
| 3 | A | 音频 | 接室外主机通信接线端子 A（3） |
| 4 | Z/M12 | 总线 | 接室外主机通信接线端子 Z（4） |

表 1-1-8 外网端子（XS1）

| 端子序号 | 端子标识 | 端子名称 | 连接关系（OUTSIDE） |
|---|---|---|---|
| 1 | V1 | 视频 1 | 接外网通信接线端子 V1（1） |
| 2 | V2 | 视频 2 | 接外网通信接线端子 V2（2） |
| 3 | G | 地 | 接外网通信接线端子 G（3） |
| 4 | A | 音频 | 接外网通信接线端子 A（4） |
| 5 | CL | CAN 总线 | 接外网通信接线端子 CL（5） |
| 6 | CH | CAN 总线 | 接外网通信接线端子 CH（6） |

## 四、制订工作计划

查阅相关资料，了解任务实施的基本步骤，根据任务要求，结合现场勘察的实际情况，制订并完成小组工作计划，填写表 1-1-9。

表 1-1-9　单住户对讲门禁系统设计安装与调试工作计划表

**单住户对讲门禁系统设计安装与调试**

一、人员分工

1. 小组负责人：

2. 小组成员及分工：

| 姓名 | 主要职责 |
|---|---|
|  |  |
|  |  |
|  |  |
|  |  |

二、工具及材料清单

| 序号 | 工具或材料名称 | 单位 | 数量 | 备注 |
|---|---|---|---|---|
|  |  |  |  |  |
|  |  |  |  |  |
|  |  |  |  |  |
|  |  |  |  |  |
|  |  |  |  |  |
|  |  |  |  |  |

三、工序及工期安排

| 序号 | 工作内容 | 开始时间 | 结束时间 | 备注 |
|---|---|---|---|---|
|  |  |  |  |  |
|  |  |  |  |  |
|  |  |  |  |  |
|  |  |  |  |  |
|  |  |  |  |  |

四、安全防护措施

## 五、评价

以小组为单位，展示本组制订的工作计划；教师对学生制订的计划进行点评，在教师点评基础上对工作计划进行修改完善，并根据表 1-1-10 进行评分。

表 1-1-10 单住户对讲门禁系统设计安装与调试工作计划评分表

| 评价内容 | 分值 | 评分 | | |
|---|---|---|---|---|
| | | 自我评价 | 小组评价 | 教师评价 |
| 计划制订是否有条理 | 10 | | | |
| 计划是否全面、完善 | 10 | | | |
| 人员分工是否合理 | 10 | | | |
| 任务要求是否明确 | 20 | | | |
| 工具清单是否正确、完善 | 20 | | | |
| 材料清单是否正确、完善 | 20 | | | |
| 团队合作 | 10 | | | |
| 合计 | | | | |

# 学习活动 3 现场施工

## 一、设备安装

按照尺寸要求安装设备。

## 二、设备接线

室外主机与多功能室内分机通过联网器进行通信,室外主机接线图如图 1-1-6 所示。

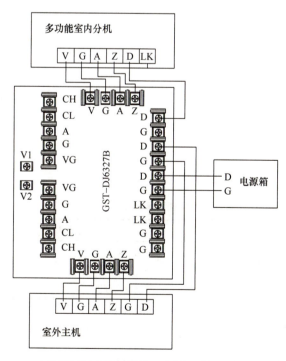

a) 多功能室内分机、联网器、室外主机接线示意图    b) 室外主机与联网器接线示意图

图 1-1-6 室外主机接线图

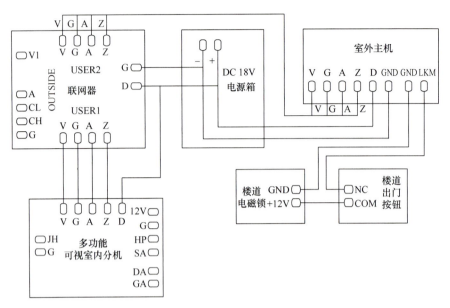

c) 单住户对讲门禁系统接线图

图 1-1-6　室外主机接线图（续）

## 三、设备参数调试

### 1. 根据客户要求调试参数

通过对讲门禁系统中各有关器件的参数配置与调试，实现以下功能：

（1）通过室外主机（地址为1）可呼叫室内可视对讲分机（房间号：201），实现可视对讲及室内分机开锁功能，要求视频、语音清晰。

（2）通过室外主机分别为201和202房间住户注册2张IC卡，2张卡均可实现室外主机的刷卡开锁功能。

（3）分别为201和202房间住户设置室外主机开锁密码，实现密码开锁功能，201房开锁密码为：1234；202房开锁密码为：5678。

### 2. 常见故障及解决方法

单住户对讲门禁系统常见故障及解决方法见表1-1-11。

表 1-1-11　单住户对讲门禁系统常见故障及解决方法

| 序号 | 故障现象 | 故障原因分析 | 排除方法 |
|---|---|---|---|
| 1 | 开机指示灯不亮 | 电源线未接好 | 接好电源线 |
| 2 | 无法呼叫或无法响应呼叫 | 1.通信线未接好<br>2.室内分机电路损坏 | 1.接好通信线<br>2.更换室内分机 |
| 3 | 被呼叫时没有铃声 | 1.扬声器损坏<br>2.处于免打扰状态 | 1.更换室内分机<br>2.恢复到正常状态 |
| 4 | 室外主机呼叫室内分机或室内分机监视室外主机时显示屏不亮 | 1.显示模组接线未接好<br>2.显示模组电路故障<br>3.室内分机处于节电模式 | 1.检查显示模组接线<br>2.更换室内分机<br>3.系统电源恢复正常，显示屏可正常显示 |
| 5 | 能够响应呼叫，但通话不正常 | 音频通道电路损坏 | 更换室内分机 |

## 四、项目验收

在验收阶段，各小组派代表进行交叉验收，并按表 1-1-12 进行验收记录。

表 1-1-12 单住户对讲门禁系统设计安装与调试验收记录表

| 验收问题记录 | 整改措施 | 完成时间 | 备注 |
|---|---|---|---|
|  |  |  |  |
|  |  |  |  |
|  |  |  |  |
|  |  |  |  |

以小组为单位认真填写单住户对讲门禁系统设计安装与调试验收报告（见表 1-1-13），并将学习活动中的设备安装调试项目填写完整。

表 1-1-13 单住户对讲门禁系统设计安装与调试验收报告

| 工程项目名称 | 单住户对讲门禁系统设计安装与调试 | | | |
|---|---|---|---|---|
| 施工单位 |  | 联系人 |  |  |
| 地址 |  | 电话 |  |  |
| 项目责任人 |  | 施工周期 |  |  |
| 工程概况 |  |  |  |  |
| 现存问题 |  | 完成时间 |  |  |
| 改进措施 |  |  |  |  |
| 验收结果 | 主观评价 | 客观测试 | 施工质量 | 材料移交 |
|  |  |  |  |  |

以小组为单位，展示本组单住户对讲门禁系统设计安装与调试成果，根据表 1-1-14 所列的评分标准进行评分。

表 1-1-14 单住户对讲门禁系统设计安装与调试评分表

| 评分内容 | | 配分 | 重点检查内容 | 评分标准 | 分值 | 得分 | 备注 |
|---|---|---|---|---|---|---|---|
| 单住户对讲门禁系统设计安装与调试 | 器件安装 | 25 | 单元门口主机安装 | 器件选择正确、安装位置正确、器件安装后无松动 | 25 |  | 少安装一个器件扣5分，不倒扣分 |
|  |  |  | 联网器安装 |  |  |  |  |
|  |  |  | 可视室内分机安装 |  |  |  |  |
|  |  |  | 开门按钮安装 |  |  |  |  |
|  |  |  | 电磁锁安装 |  |  |  |  |
|  | 接线与布线 | 25 | 室外主机接线 | 室外主机呼叫多功能室内分机实现可视对讲与开锁功能，要求视频、语音清晰 | 25 |  | 任意一个器件未连线扣3分，不倒扣分 |
|  |  |  | 多功能室内分机接线 |  |  |  |  |
|  |  |  | 联网器接线 |  |  |  |  |
|  |  |  | 紧急按钮接线 |  |  |  |  |
|  |  |  | 电磁锁接线 |  |  |  |  |
|  |  |  | 可视室内分机 |  |  |  |  |
|  |  |  | 室外主机 |  |  |  |  |

（续）

| 评分内容 | | 配分 | 重点检查内容 | 评分标准 | 分值 | 得分 | 备注 |
|---|---|---|---|---|---|---|---|
| 单住户对讲门禁系统设计安装与调试 | 功能要求 | 40 | 室外主机地址 | 1 | 8 | | |
| | | | 多功能室内分机地址 | 201 | 8 | | |
| | | | 室外主机呼叫多功能室内分机 | 实现对讲与开锁功能，要求语音清晰 | 8 | | |
| | | | 密码开锁功能 | 201 室开锁密码为 1234，202 开锁密码为 5678 | 8 | | |
| | | | 巡更卡注册成功 | 住户 201 开门卡<br>住户 202 开门卡 | 8 | | |
| | 工艺 | 10 | 工艺要求一 | 标识号码管 | 10 | | 不满足其中一项扣 2 分，不倒扣分 |
| | | | 工艺要求二 | 上焊锡，均匀 | | | |
| | | | 工艺要求三 | 视频信号线采用 SYV75-3 同轴电缆 | | | |
| | | | 工艺要求四 | 线槽内布线整齐 | | | |
| | | | 工艺要求五 | 信号线续接处应用热缩管进行保护 | | | |

# 学习活动 4　总结与评价

## 一、工作总结

以小组为单位，选择演示文稿、展板、海报、录像等形式中的一种或几种向全班展示，汇报学习成果。

## 二、综合评价

请同学们积极回顾与总结，完成自我评价和小组互评，教师通过观察，根据大家在整个过程中的表现，完成教师评价；学生客观地观察自己的评价情况，明确努力方向，并填写表 1-1-15。

表 1-1-15　单住户对讲门禁系统评价表

| 评价项目 | 评价内容 | 评价标准 | 评价方式 | | |
|---|---|---|---|---|---|
| | | | 自我评价 | 小组评价 | 教师评价 |
| 职业素养 | 安全意识、责任意识 | A.作风严谨、自觉遵章守纪、出色完成工作任务<br>B.能够遵守规章制度，较好地完成工作任务<br>C.遵守规章制度，没完成工作任务，或完成工作任务但忽视规章制度<br>D.不遵守规章制度，没完成工作任务 | | | |
| | 学习态度、主动性 | A.积极参与教学活动，全勤<br>B.缺勤达本任务总学时的 10%<br>C.缺勤达本任务总学时的 20%<br>D.缺勤达本任务总学时的 30% | | | |

（续）

| 评价项目 | 评价内容 | 评价标准 | 评价方式 | | |
|---|---|---|---|---|---|
| | | | 自我评价 | 小组评价 | 教师评价 |
| 职业素养 | 团队合作意识 | A. 与同学协作融洽，团队合作意识强<br>B. 与同学能沟通，协同工作能力较强<br>C. 与同学能沟通，协同工作能力一般<br>D. 与同学沟通困难，协同工作能力较差 | | | |
| 专业能力 | 学习活动1<br>明确工作任务 | A. 按时、完整地完成工作页，问题回答正确<br>B. 按时、完整地完成工作页，问题回答基本正确<br>C. 未能按时、完整地完成工作页，或内容遗漏、错误较多<br>D. 未完成工作页 | | | |
| | 学习活动2<br>施工前准备 | A. 学习活动评价成绩为90～100分<br>B. 学习活动评价成绩为75～89分<br>C. 学习活动评价成绩为60～74分<br>D. 学习活动评价成绩为0～59分 | | | |
| | 学习活动3<br>现场施工 | A. 学习活动评价成绩为90～100分<br>B. 学习活动评价成绩为75～89分<br>C. 学习活动评价成绩为60～74分<br>D. 学习活动评价成绩为0～59分 | | | |
| 创新能力 | | 学习过程中提出具有创新性、可行性的建议 | 加分奖励： | | |
| 班级 | | | 学号 | | |
| 姓名 | | | 综合评价等级 | | |
| 指导教师 | | | 日期 | | |

# 任务1.2 多住户对讲门禁系统设计安装与调试

## 工作情景描述

对讲门禁系统
设备介绍

　　某单元住户要求安装一套对讲门禁系统，该系统要求实现单元中的每一个住户的室内分机能和室外机对讲功能、密码开门功能、刷卡开门和传统钥匙开门等功能，按要求完成相关工作任务。

## 任务目标

**知识与技能目标：**
（1）掌握普通室内分机接线端结构。
（2）掌握层间分配器接线端结构及层间分配器的作用。

**过程与方法目标：**
（1）能通过阅读设备安装任务单和现场勘察，明确工作任务要求。
（2）能够根据任务要求和实际情况，合理制订工作计划。
（3）能够根据工作计划和尺寸要求正确完成系统安装。

（4）能够根据任务要求完成系统各项功能的调试。

（5）能够对任务实施做出合理的总结和评价。

态度与价值观目标：

提升设计职业能力，培养工匠精神、环保与可持续发展理念。

**建议课时** 10课时。

## 学习活动 1　明确工作任务

### 一、阅读施工任务单

阅读施工任务单，了解本次施工任务的工作内容，制订施工计划，完善施工相关信息，并填写表1-2-1。

表 1-2-1　多住户对讲门禁系统设计安装与调试施工任务单

工程项目名称：多住户对讲门禁系统设计安装与调试

| 工种/班组长 | | 施工日期 | | |
|---|---|---|---|---|
| 序号 | 施工部位/任务纪要 | 作业人数 | 开始时间 | 结束时间 |
| 1 | 设备、耗材选取购买 | | | |
| 2 | 设备安装、接线 | | | |
| 3 | 设备参数调试 | | | |
| 4 | 现场清理 | | | |
| 近期作业人员进场计划及施工进场计划 | | | 工程量计算方式 | |
| | | | | |
| | | | 完成质量 | |
| | | | 安全文明生产情况 | |
| 备注：所有施工人员施工前，应了解施工图接线要求、任务要求、技术要求和施工要点。进入施工现场要佩戴安全帽，系好帽扣，高空作业时必须系好安全带。注意安全用电，注意现场卫生 | | | 派工员 | |
| | | | 班组长接收人 | |

### 二、认识设备元器件，勘察施工现场

（1）勘察多用户对讲门禁系统设备安装施工现场的基本情况（包括安装位置、尺寸要求、线路连接等情况），做好记录。

（2）识读设备器件说明书，记录每个元件的参数。

# 学习活动 2　施工前准备

## 一、认识普通室内分机

### 1. 认识普通室内分机的外形

普通室内分机的外形如图 1-2-1 所示。

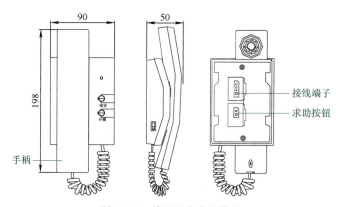

图 1-2-1　普通室内分机外形

### 2. 普通室内分机对外接线端子

普通室内分机对外接线端子说明见表 1-2-2。

表 1-2-2　普通室内分机对外接线端子说明

| 端子序号 | 端子标识 | 端子名称 | 连接关系 |
|---|---|---|---|
| 1 | V | 视频 | 接层间分配器端子用户 USER1 V |
| 2 | G | 地 | 接层间分配器端子用户 USER1 G |
| 3 | A | 音频 | 接层间分配器端子用户 USER1 A |
| 4 | Z | 总线 | 接层间分配器端子用户 USER1 Z |

## 二、认识层间分配器

### 1. 层间分配器的外形及层间分配器接线端子

层间分配器的外形及层间分配器接线端子如图 1-2-2 所示。

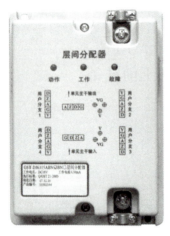
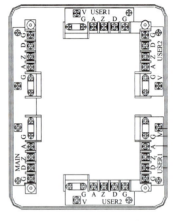

a) 层间分配器的外形　　　　b) 层间分配器接线端子示意图

图 1-2-2　层间分配器的外形及层间分配器接线端子

### 2. 层间分配器扩展用户框架

层间分配器有 4 路分支，可将普通室内分机和多功能室内分机任意接到层间分配器的两路分支上。层间分配器扩展用户框架如图 1-2-3 所示。

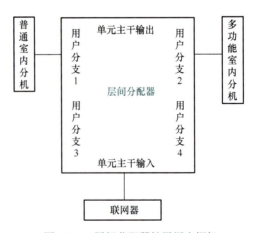

图 1-2-3　层间分配器扩展用户框架

## 三、制订工作计划

查阅相关资料，了解任务实施的基本步骤，根据任务要求，结合现场勘察的实际情况，制订并完成小组工作计划并填写表 1-2-3。

表 1-2-3 多住户对讲门禁系统设计安装与调试工作计划表

**多住户对讲门禁系统设计安装与调试**

一、人员分工

1. 小组负责人：

2. 小组成员及分工：

| 姓名 | 主要职责 |
|------|----------|
|  |  |
|  |  |
|  |  |
|  |  |

二、工具及材料清单

| 序号 | 工具或材料名称 | 单位 | 数量 | 备注 |
|------|----------------|------|------|------|
|  |  |  |  |  |
|  |  |  |  |  |
|  |  |  |  |  |
|  |  |  |  |  |
|  |  |  |  |  |
|  |  |  |  |  |
|  |  |  |  |  |

三、工序及工期安排

| 序号 | 工作内容 | 开始时间 | 结束时间 | 备注 |
|------|----------|----------|----------|------|
|  |  |  |  |  |
|  |  |  |  |  |
|  |  |  |  |  |
|  |  |  |  |  |

四、安全防护措施

## 四、评价

以小组为单位，展示本组制订的工作计划；教师对学生制订的计划进行点评，在教师点评基础上对工作计划进行修改完善，并根据表 1-2-4 进行评分。

表 1-2-4　多住户对讲门禁系统设计安装与调试工作计划评分表

| 评价内容 | 分值 | 评分 | | |
|---|---|---|---|---|
| | | 自我评价 | 小组评价 | 教师评价 |
| 计划制订是否有条理 | 10 | | | |
| 计划是否全面、完善 | 10 | | | |
| 人员分工是否合理 | 10 | | | |
| 任务要求是否明确 | 20 | | | |
| 工具清单是否正确、完善 | 20 | | | |
| 材料清单是否正确、完善 | 20 | | | |
| 团队合作 | 10 | | | |
| 合计 | | | | |

## 学习活动 3　现场施工

### 一、元器件安装

按照尺寸要求安装元器件。

### 二、设备接线

多住户对讲门禁系统接线如图 1-2-4 所示。

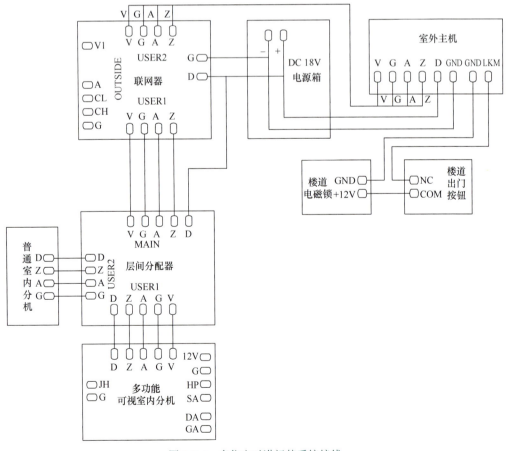

图 1-2-4　多住户对讲门禁系统接线

### 三、设备参数调试

#### 1. 根据客户要求调试参数

通过对讲门禁系统中各有关器件的参数配置与调试,实现以下功能:

(1)通过室外主机(地址为1)呼叫多功能室内分机(房间号:201),实现可视对讲与开锁功能,要求视频、语音清晰。

(2)通过室外主机(地址为1)呼叫普通室内分机(房间号:202),实现对讲与开锁功能,要求语音清晰。

(3)注册两张ID卡,使其分属于两个住户(201和202),实现室外主机的刷卡开锁功能。

(4)为室外主机配置两个用户(201和202),实现密码开锁功能,201室开锁密码设定为0000,202室开锁密码设定为1111。

#### 2. 常见故障及解决方法

多住户对讲门禁系统常见故障及解决方法见表1-2-5。

表 1-2-5 多住户对讲门禁系统常见故障及解决方法

| 序号 | 故障现象 | 故障原因分析 | 排除方法 |
|---|---|---|---|
| 1 | 开机指示灯不亮 | 电源线未接好 | 接好电源线 |
| 2 | 无法呼叫或无法响应呼叫 | 1. 通信线未接好<br>2. 室内分机电路损坏 | 1. 接好通信线<br>2. 更换室内分机 |
| 3 | 被呼叫时没有铃声 | 1. 扬声器损坏<br>2. 处于免打扰状态 | 1. 更换室内分机<br>2. 恢复到正常状态 |
| 4 | 室外主机呼叫室内分机或室内分机监视室外主机时显示屏不亮 | 1. 显示模组接线未接好<br>2. 显示模组电路故障<br>3. 室内分机处于节电模式 | 1. 检查显示模组接线<br>2. 更换室内分机<br>3. 系统电源恢复正常,显示屏可正常显示 |
| 5 | 能够响应呼叫,但通话不正常 | 音频通道电路损坏 | 更换室内分机 |

### 四、项目验收

在验收阶段,各小组派代表进行交叉验收,并填写表1-2-6完成验收记录。

表 1-2-6 多住户对讲门禁系统设计安装与调试验收记录表

| 验收问题记录 | 整改措施 | 完成时间 | 备注 |
|---|---|---|---|
|  |  |  |  |
|  |  |  |  |
|  |  |  |  |
|  |  |  |  |

以小组为单位认真填写多住户对讲系统设计安装与调试验收报告(见表1-2-7),并将学习活动中的设备安装调试项目填写完整。

表 1-2-7　多住户对讲门禁系统设计安装与调试验收报告

| 工程项目名称 | 多住户对讲门禁系统设计安装与调试 | | | |
|---|---|---|---|---|
| 施工单位 | | 联系人 | | |
| 地址 | | 电话 | | |
| 项目责任人 | | 施工周期 | | |
| 工程概况 | | | | |
| 现存问题 | | 完成时间 | | |
| 改进措施 | | | | |
| 验收结果 | 主观评价 | 客观测试 | 施工质量 | 材料移交 |
| | | | | |

以小组为单位，展示本组多住户对讲门禁系统设计安装与调试成果，根据表 1-2-8 所列的评分标准进行评分。

表 1-2-8　多住户对讲门禁系统设计安装与调试评分表

| 评分内容 | | 配分 | 重点检查内容 | 评分标准 | 分值 | 得分 | 备注 |
|---|---|---|---|---|---|---|---|
| 多住户对讲门禁系统设计安装与调试 | 器件安装 | 25 | 单元门口主机安装 | 器件选择正确、安装位置正确、器件安装后无松动 | 25 | | 少安装一个器件扣 3 分，不倒扣分 |
| | | | 联网器安装 | | | | |
| | | | 可视室内分机安装 | | | | |
| | | | 室内普通分机安装 | | | | |
| | | | 层间分配器安装 | | | | |
| | | | 开门按钮安装 | | | | |
| | | | 电磁锁安装 | | | | |
| | 接线与布线 | 25 | 室外主机接线 | 室外主机呼叫多功能室内分机实现可视对讲与开锁功能，要求视频、语音清晰　室外主机呼叫普通室内分机，可实现对讲与开锁功能，要求语音清晰 | 25 | | 任意一个器件未连线扣3分，不倒扣分 |
| | | | 多功能室内分机接线 | | | | |
| | | | 室内普通分机接线 | | | | |
| | | | 联网器接线 | | | | |
| | | | 层间分配器接线 | | | | |
| | | | 紧急按钮接线 | | | | |
| | | | 电磁锁接线 | | | | |
| | 功能要求 | 40 | 室外主机地址 | 1 | 4 | | |
| | | | 多功能室内分机地址 | 201 | 6 | | |
| | | | 室内普通分机地址 | 202 | 6 | | |
| | | | 室外主机呼叫多功能室内分机 | 实现对讲与开锁功能，要求语音清晰 | 8 | | |
| | | | 密码开锁功能 | 201 室开锁密码为 0000，202 开锁密码为 1111 | 8 | | |
| | | | 巡更卡注册成功 | 住户 201 开门卡　住户 202 开门卡 | 8 | | |

（续）

| 评分内容 | | 配分 | 重点检查内容 | 评分标准 | 分值 | 得分 | 备注 |
|---|---|---|---|---|---|---|---|
| 多住户对讲门禁系统设计安装与调试 | 工艺 | 10 | 工艺要求一 | 标识号码管 | 10 | | 不满足其中一项扣2分，不倒扣分 |
| | | | 工艺要求二 | 上焊锡，均匀 | | | |
| | | | 工艺要求三 | 视频信号线采用SYV75-3同轴电缆 | | | |
| | | | 工艺要求四 | 线槽内布线整齐 | | | |
| | | | 工艺要求五 | 信号线续接处应用热缩管进行保护 | | | |

# 学习活动 4  总结与评价

## 一、工作总结

以小组为单位，选择演示文稿、展板、海报、录像等形式中的一种或几种向全班展示，汇报学习成果。

## 二、综合评价

请同学们积极回顾与总结，完成自我评价和小组互评，教师通过观察，根据大家在整个过程中的表现，完成教师评价；学生客观地观察自己的评价情况，明确努力方向，并填写表1-2-9。

表1-2-9  多住户对讲门禁系统设计安装与调试评价表

| 评价项目 | 评价内容 | 评价标准 | 评价方式 | | |
|---|---|---|---|---|---|
| | | | 自我评价 | 小组评价 | 教师评价 |
| 职业素养 | 安全意识、责任意识 | A.作风严谨、自觉遵章守纪、出色完成工作任务<br>B.能够遵守规章制度，较好地完成工作任务<br>C.遵守规章制度，没完成工作任务，或完成工作任务但忽视规章制度<br>D.不遵守规章制度，没完成工作任务 | | | |
| | 学习态度、主动性 | A.积极参与教学活动，全勤<br>B.缺勤达本任务总学时的10%<br>C.缺勤达本任务总学时的20%<br>D.缺勤达本任务总学时的30% | | | |
| | 团队合作意识 | A.与同学协作融洽，团队合作意识强<br>B.与同学能沟通，协同工作能力较强<br>C.与同学能沟通，协同工作能力一般<br>D.与同学沟通困难，协同工作能力较差 | | | |
| 专业能力 | 学习活动1明确工作任务 | A.按时、完整地完成工作页，问题回答正确<br>B.按时、完整地完成工作页，问题回答基本正确<br>C.未能按时、完整地完成工作页，或内容遗漏、错误较多<br>D.未完成工作页 | | | |

（续）

| 评价项目 | 评价内容 | 评价标准 | 评价方式 | | |
|---|---|---|---|---|---|
| | | | 自我评价 | 小组评价 | 教师评价 |
| 专业能力 | 学习活动 2 施工前准备 | A. 学习活动评价成绩为 90～100 分<br>B. 学习活动评价成绩为 75～89 分<br>C. 学习活动评价成绩为 60～74 分<br>D. 学习活动评价成绩为 0～59 分 | | | |
| | 学习活动 3 现场施工 | A. 学习活动评价成绩为 90～100 分<br>B. 学习活动评价成绩为 75～89 分<br>C. 学习活动评价成绩为 60～74 分<br>D. 学习活动评价成绩为 0～59 分 | | | |
| 创新能力 | | 学习过程中提出具有创新性、可行性的建议 | 加分奖励： | | |
| 班级 | | | 学号 | | |
| 姓名 | | | 综合评价等级 | | |
| 指导教师 | | | 日期 | | |

# 任务 1.3　室内安防系统设计安装与调试

## 工作情景描述

　　某单元住户要求安装一套对讲门禁系统，该系统要求实现室内安全防范功能。室内安防系统由家用紧急按钮、红外探测器、门磁开关、可燃气体探测器和声光报警器组成，能够实现室内安防监控和报警等功能。

对讲门禁系统线路连接

## 任务目标

**知识与技能目标：**
（1）掌握安防系统的基础知识。
（2）掌握常用室内安防探测器的作用及主要特点。

**过程与方法目标：**
（1）能通过阅读设备安装任务单和现场勘察，明确工作任务要求。
（2）能够根据任务要求和实际情况，合理制订工作计划。
（3）能够根据工作计划和尺寸要求正确完成系统安装。
（4）能够根据任务要求完成系统各项功能的调试。
（5）能够对任务实施做出合理的总结和评价。

**态度与价值观目标：**
提升学生的安全防范意识，培养工匠精神、环保与可持续发展理念。

## 建议课时　10 课时。

## 学习活动1 明确工作任务

### 一、阅读施工任务单

阅读施工任务单，了解本次施工任务的工作内容，制订施工计划，完善施工相关信息，并填写表1-3-1。

**表1-3-1 室内安防系统设计安装与调试施工任务单**

工程项目名称：室内安防系统设计安装与调试

| 工种/班组长 | | 施工日期 | | |
|---|---|---|---|---|
| 序号 | 施工部位/任务纪要 | 作业人数 | 开始时间 | 结束时间 |
| 1 | 设备、耗材选取购买 | | | |
| 2 | 设备安装、接线 | | | |
| 3 | 设备参数调试 | | | |
| 4 | 现场清理 | | | |
| 近期作业人员进场计划及施工进场计划 | | 工程量计算方式 | | |
| | | | | |
| | | 完成质量 | | |
| | | 安全文明生产情况 | | |
| 备注：所有施工人员施工前，应了解施工图接线要求、任务要求、技术要求和施工要点。进入施工现场要佩戴安全帽，系好帽扣，高空作业时必须系好安全带。注意安全用电，注意现场卫生 | | 派工员 | | |
| | | 班组长接收人 | | |

### 二、认识设备元器件，勘察施工现场

（1）勘察室内安防系统设备安装施工现场的基本情况（包括安装位置、尺寸要求、线路连接等情况），做好记录。

（2）识读设备器件说明书，记录每个元件的参数。

## 学习活动2 施工前准备

### 一、安防技术简介

"安全防范"是指以维护社会公共安全为目的，采取防入侵、防破坏、防爆炸、防盗

窃、防抢劫和安全检查等措施。安全防范就防范手段而言包括人力防范、实体（物）防范和技术防范三个范畴。人力防范和实体（物）防范是传统的防范手段，是安全防范的基础。随着科学的进步，以电子技术、传感器技术、通信技术、自动控制技术、计算机技术为基础的安全防范技术器材与设备逐渐应用于安全防范，形成一个完整的安全防范自动化系统，简称安全技术防范系统。

由于现代物业管理中楼宇、工厂等现场的大型化、多功能化、高层次和高技术的特点，给安全防范系统提出了更高的要求，一般要求其实现防范、报警、监视与记录功能。

### 1. 防范

防范是指对安防区域内的财物、人身或重要的数据等的安全保护。安防系统应把防范放在首位，使罪犯不可以进入安防区域或在其企图犯罪时就能及时察觉并采取相应的保护处理措施。

### 2. 报警

当发现安全遭到破坏时，系统应能及时在安全防范中心和相关区域发出特定的声光报警，并将报警信号通过网络传送到相关的安全防范部门。

### 3. 监视与记录

在发生报警的同时，系统应能迅速地把出事地点的现场录像和声音传到安全防范中心进行监视并实时记录下来，以便查阅。

## 二、室内安防探测器

室内安防报警系统是通过对室内可能存在的各种安全隐患进行科学合理的分析，通过在室内安装具有探测功能的各种探测器，实时监控室内的安全情况，如果遇到警情能及时做出响应，并向相关人员报告警情，使安全隐患能够及时得到排除。

### 1. 紧急求助按钮

在客厅、卧室、厨房、卫生间安装紧急按钮，当室内出现入室抢劫、盗窃或突发疾病等紧急情况时，可以采用人工触发紧急求助按钮来实现紧急报警。紧急求助按钮安装效果如图 1-3-1 所示。

图 1-3-1　紧急求助按钮安装效果

### 2. 门磁开关和窗磁开关

通过在住户大门上安装门磁开关、在窗户上安装窗磁开关，可以有效预防非法入侵者通过大门或窗户进入室内。门磁开关是由永久磁铁及干簧管（又称磁簧管或磁控管）两部分组成的。干簧管是一个内部充有惰性气体（如氮气）的玻璃管，内装有两个金属簧片，形成触点。门磁开关安装效果如图1-3-2所示。

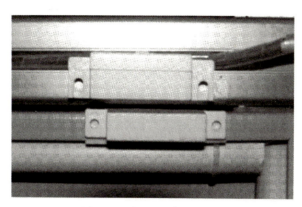

图 1-3-2 门磁开关安装效果

### 3. 感烟探测器和可燃气体探测器

通过在室内接入感烟探测器和可燃气体探测器，可全天候监控可能发生的火灾、煤气泄漏。可燃气体探测器采用长寿命气敏传感器，具有传感器失效自检功能。可燃气体探测器安装效果如图1-3-3所示。

### 4. 红外探测器

红外探测器又称热感式红外探测器。一般在室内主要通道上安装红外探测器，可以感受人体散发的热量和移动情况，再加上智能分析，即可准确判断出是否有人闯入并发出告警。红外探测器安装效果如图1-3-4所示。

图 1-3-3 可燃气体探测器安装效果

图 1-3-4 红外探测器安装效果

### 三、多功能室内分机安防接线端子

多功能室内分机安防接线端子包含安防端口和警铃端口，接线端子说明如表 1-3-2 所示。

表 1-3-2　多功能室内分机安防接线端子说明

| | 端子序号 | 端子标识 | 端子名称 | 连接设备名称 | 连接设备端口号 | 连接设备端子号 | 说明 |
|---|---|---|---|---|---|---|---|
| 安防端口 | 1 | 12V | 安防电源 | 室内报警设备 | 外接报警器、探测器电源 | 各报警前端设备的相应端子号 | 给报警器、探测器供电，供电电流≤100mA |
| | 2 | G | 地 | | | | 地 |
| | 3 | HP | 求助 | | 求助按钮 | | 紧急求助按钮接入口常开端子 |
| | 4 | SA | 防盗 | | 红外探测器 | | 接与撤/布防相关的门、窗磁传感器、防盗探测器的常闭端子 |
| | 5 | WA | 窗磁 | | 窗磁 | | |
| | 6 | DA | 门磁 | | 门磁 | | |
| | 7 | GA | 可燃气体探测 | | 燃气泄漏 | | 接与撤/布防无关的烟感、燃气探测器的常开端子 |
| | 8 | FA | 感烟探测 | | 火警 | | |
| | 9 | DAI | 立即报警门磁 | | 门磁 | | 接与撤/布防相关门磁开关传感器、红外探测器的常闭端子 |
| | 10 | SAI | 立即报警防盗 | | 红外探测器 | | |
| 警铃端口 | 1 | JH | 警铃 | | 警铃电源 | 外接警铃 | 电压：DC14.5～DC18.5V 电流≤50mA |

### 四、制订工作计划

查阅相关资料，了解任务实施的基本步骤，根据任务要求，结合现场勘察的实际情况，制订并完成小组工作计划，并填写表 1-3-3。

表 1-3-3　室内安防系统设计安装与调试工作计划表

**室内安防系统设计安装与调试**

一、人员分工

1. 小组负责人：

2. 小组成员及分工：

| 姓名 | 主要职责 |
|---|---|
| | |
| | |
| | |
| | |

二、工具及材料清单

| 序号 | 工具或材料名称 | 单位 | 数量 | 备注 |
|---|---|---|---|---|
| | | | | |
| | | | | |
| | | | | |
| | | | | |

（续）

**二、工具及材料清单**

| 序号 | 工具或材料名称 | 单位 | 数量 | 备注 |
|---|---|---|---|---|
|  |  |  |  |  |
|  |  |  |  |  |
|  |  |  |  |  |

**三、工序及工期安排**

| 序号 | 工作内容 | 开始时间 | 结束时间 | 备注 |
|---|---|---|---|---|
|  |  |  |  |  |
|  |  |  |  |  |
|  |  |  |  |  |
|  |  |  |  |  |

**四、安全防护措施**

## 五、评价

以小组为单位，展示本组制订的工作计划；教师对学生制订的计划进行点评，在教师点评基础上对工作计划进行修改完善，并根据表 1-3-4 进行评分。

表 1-3-4　室内安防系统设计安装与调试工作计划评分表

| 评价内容 | 分值 | 评分 | | |
|---|---|---|---|---|
|  |  | 自我评价 | 小组评价 | 教师评价 |
| 计划制订是否有条理 | 10 |  |  |  |
| 计划是否全面、完善 | 10 |  |  |  |
| 人员分工是否合理 | 10 |  |  |  |
| 任务要求是否明确 | 20 |  |  |  |
| 工具清单是否正确、完善 | 20 |  |  |  |
| 材料清单是否正确、完善 | 20 |  |  |  |
| 团队合作 | 10 |  |  |  |
| 合计 |  |  |  |  |

## 学习活动 3　现场施工

### 一、元器件安装

按照尺寸要求安装设备。

## 二、设备接线

### 1. 室内安防系统框图

室内安防系统框图如图 1-3-5 所示。

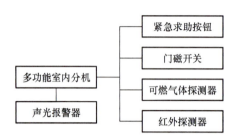

图 1-3-5　室内安防系统框图

### 2. 室内安防系统接线图

室内安防系统接线图如图 1-3-6 所示。

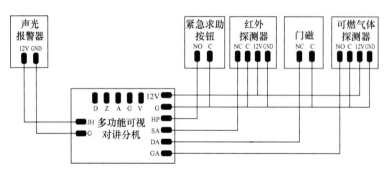

图 1-3-6　室内安防系统接线图

## 三、设备参数调试

通过室内安防系统中各有关器件的参数配置与调试，实现以下功能：

（1）设置多功能室内分机为外出布防状态。

（2）多功能室内分机为外出布防状态下，触发任意一个探测器，多功能室内分机本地报警，同时声光报警器报警。

（3）多功能室内分机修改撤防密码为 215。

（4）在布防状态下，能通过撤防密码，实现撤防。

（5）当探测器被触发时，多功能室内分机报警，可通过撤防密码解除报警。

（6）当忘记撤防密码时，可对多功能室内分机恢复出厂设置。

## 四、项目验收

在验收阶段，各小组派代表进行交叉验收，并填写验收记录表，见表 1-3-5。

表 1-3-5　室内安防系统设计安装与调试验收记录表

| 验收问题记录 | 整改措施 | 完成时间 | 备注 |
|---|---|---|---|
|  |  |  |  |
|  |  |  |  |
|  |  |  |  |
|  |  |  |  |
|  |  |  |  |

以小组为单位认真填写室内安防系统设计安装与调试验收报告（见表 1-3-6），并将学习活动中的设备安装调试项目填写完整。

表 1-3-6　室内安防系统设计安装与调试验收报告

| 工程项目名称 | 室内安防系统设计安装与调试 | | | |
|---|---|---|---|---|
| 施工单位 |  | 联系人 |  |  |
| 地址 |  | 电话 |  |  |
| 项目责任人 |  | 施工周期 |  |  |
| 工程概况 |  | | | |
| 现存问题 |  | 完成时间 |  |  |
| 改进措施 |  | | | |
| 验收结果 | 主观评价 | 客观测试 | 施工质量 | 材料移交 |
|  |  |  |  |  |

以小组为单位，展示本组室内安防系统设计安装与调试成果，根据表 1-3-7 所列的评分标准进行评分。

表 1-3-7　室内安防系统设计安装与调试评分表

| 评分内容 | | 配分 | 重点检查内容 | 评分标准 | 分值 | 得分 | 备注 |
|---|---|---|---|---|---|---|---|
| 室内安防系统设计安装与调试 | 器件安装 | 30 | 多功能室内分机安装 | 器件选择正确、安装位置正确、器件安装后无松动 | 30 |  | 少安装一个器件扣 5 分 |
|  |  |  | 红外探测器安装 |  |  |  |  |
|  |  |  | 门磁开关探测器 |  |  |  |  |
|  |  |  | 可燃气体探测器 |  |  |  |  |
|  |  |  | 紧急求助按钮安装 |  |  |  |  |
|  |  |  | 声光报警器安装 |  |  |  |  |
|  | 接线与布线 | 30 | 多功能室内分机接线 | 接入的门磁开关、紧急求助按钮、红外探测器、可燃气体探测器中任何一个被触发时，声光报警器及管理中心机报警 | 30 |  | 任意一个器件未连线扣 5 分 |
|  |  |  | 红外探测器接线 |  |  |  |  |
|  |  |  | 门磁开关探测器接线 |  |  |  |  |
|  |  |  | 可燃气体探测器接线 |  |  |  |  |
|  |  |  | 紧急求助按钮接线 |  |  |  |  |
|  |  |  | 声光报警器接线 |  |  |  |  |

安全技术防范系统施工

（续）

| 评分内容 | | 配分 | 重点检查内容 | 评分标准 | 分值 | 得分 | 备注 |
|---|---|---|---|---|---|---|---|
| 室内安防系统设计安装与调试 | 功能要求 | 30 | 设置多功能室内分机为外出布防状态 | 进入布防状态 | 6 | | |
| | | | 探测器报警功能 | 多功能室内分机本地报警 | 6 | | |
| | | | 发生警情后通过撤防密码撤防 | 多功能室内分机解除报警 | 6 | | |
| | | | 修改撤防密码 | 215 | 6 | | |
| | | | 多功能室内分机恢复出厂设置 | | 6 | | |
| | 工艺 | 10 | 工艺要求一 | 标识号码管 | 10 | | 不满足其中一项扣2分 |
| | | | 工艺要求二 | 上焊锡，均匀 | | | |
| | | | 工艺要求三 | 线槽内布线整齐 | | | |
| | | | 工艺要求四 | 信号线续接处应用热缩管进行保护 | | | |

## 学习活动4　总结与评价

### 一、工作总结

以小组为单位，选择演示文稿、展板、海报、录像等形式中的一种或几种向全班展示，汇报学习成果。

### 二、综合评价

请同学们积极回顾与总结，完成自我评价和小组互评，教师通过观察，根据大家在整个过程中的表现，完成教师评价；学生客观地观察自己的评价情况，明确努力方向，并填写表1-3-8。

表1-3-8　室内安防系统设计安装与调试评价表

| 评价项目 | 评价内容 | 评价标准 | 自我评价 | 小组评价 | 教师评价 |
|---|---|---|---|---|---|
| 职业素养 | 安全意识、责任意识 | A.作风严谨、自觉遵章守纪、出色完成工作任务<br>B.能够遵守规章制度，较好地完成工作任务<br>C.遵守规章制度，没完成工作任务，或完成工作任务但忽视规章制度<br>D.不遵守规章制度，没完成工作任务 | | | |
| | 学习态度、主动性 | A.积极参与教学活动，全勤<br>B.缺勤达本任务总学时的10%<br>C.缺勤达本任务总学时的20%<br>D.缺勤达本任务总学时的30% | | | |
| | 团队合作意识 | A.与同学协作融洽，团队合作意识强<br>B.与同学能沟通，协同工作能力较强<br>C.与同学能沟通，协同工作能力一般<br>D.与同学沟通困难，协同工作能力较差 | | | |

— 40 —

（续）

| 评价项目 | 评价内容 | 评价标准 | 评价方式 | | |
|---|---|---|---|---|---|
| | | | 自我评价 | 小组评价 | 教师评价 |
| 专业能力 | 学习活动1 明确工作任务 | A. 按时、完整地完成工作页，问题回答正确<br>B. 按时、完整地完成工作页，问题回答基本正确<br>C. 未能按时、完整地完成工作页，或内容遗漏、错误较多<br>D. 未完成工作页 | | | |
| | 学习活动2 施工前准备 | A. 学习活动评价成绩为 90～100 分<br>B. 学习活动评价成绩为 75～89 分<br>C. 学习活动评价成绩为 60～74 分<br>D. 学习活动评价成绩为 0～59 分 | | | |
| | 学习活动3 现场施工 | A. 学习活动评价成绩为 90～100 分<br>B. 学习活动评价成绩为 75～89 分<br>C. 学习活动评价成绩为 60～74 分<br>D. 学习活动评价成绩为 0～59 分 | | | |
| 创新能力 | | 学习过程中提出具有创新性、可行性的建议 | 加分奖励： | | |
| 班级 | | | 学号 | | |
| 姓名 | | | 综合评价等级 | | |
| 指导教师 | | | 日期 | | |

# 任务 1.4 综合对讲门禁系统设计安装与调试

## 工作情景描述

对讲门禁系统调试

某单元住户要求安装一套对讲门禁系统，该系统要求实现住户与保安室通话、室内安全防范、室外机和室内分机对讲、密码开门、刷卡开门和传统钥匙开门等功能；室内安防部件由家用紧急求助按钮、红外探测器、门磁开关、可燃气体探测器和声光报警器组成，能够实现室内安防监控和报警等功能。

## 任务目标

**知识与技能目标：**
掌握管理中心机接线端结构。

**过程与方法目标：**
（1）能通过阅读设备安装任务单和现场勘察，明确工作任务要求。
（2）能够根据任务要求和实际情况，合理制订工作计划。
（3）能够根据工作计划和尺寸要求正确完成系统安装。
（4）能够根据任务要求完成系统各项功能的调试。
（5）能够对任务实施做出合理的总结和评价。

态度与价值观目标：

提升学生的综合设计能力，培养工匠精神、环保与可持续发展理念。

**建议课时** 10 课时。

# 学习活动 1　明确工作任务

## 一、阅读施工任务单

阅读施工任务单，了解本次施工任务的工作内容，制订施工计划，完善施工相关信息，并填写表 1-4-1。

表 1-4-1　综合对讲系统设计安装与调试施工任务单

工程项目名称：综合对讲系统设计安装与调试

| 工种 / 班组长 | | 施工日期 | | |
|---|---|---|---|---|
| 序号 | 施工部位 / 任务纪要 | 作业人数 | 开始时间 | 结束时间 |
| 1 | 设备、耗材选取购买 | | | |
| 2 | 设备安装、接线 | | | |
| 3 | 设备参数调试 | | | |
| 4 | 现场清理 | | | |
| 近期作业人员进场计划及施工进场计划 | | 工程量计算方式 | | |
| | | | | |
| | | 完成质量 | | |
| | | 安全文明生产情况 | | |
| 备注：所有施工人员施工前，应了解施工图接线要求、任务要求、技术要求和施工要点。进入施工现场要佩戴安全帽，系好帽扣，高空作业时必须系好安全带。注意安全用电，注意现场卫生 | | 派工员 | | |
| | | 班组长接收人 | | |

## 二、认识设备元器件，勘察施工现场

（1）勘察综合对讲门禁系统设备安装施工现场的基本情况（包括安装位置、尺寸要求、线路连接等情况），做好记录。

（2）识读设备器件说明书，记录每个元件的参数。

# 学习活动 2 施工前准备

## 一、认识管理中心机

### 1. 管理中心机的外形

管理中心机的外形如图 1-4-1 所示。

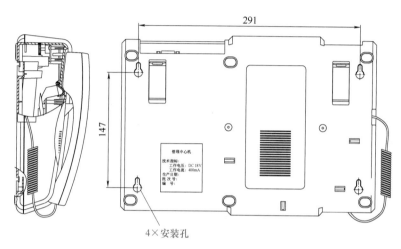

图 1-4-1 管理中心机的外形

### 2. 管理中心机接线端子

管理中心机接线端子如图 1-4-2 所示。

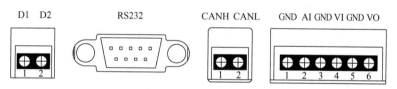

图 1-4-2 管理中心机接线端子

### 3. 管理中心机接线端子接线说明

管理中心机接线端子接线说明见表 1-4-2。

表 1-4-2 管理中心机接线端子接线说明

| 端口号 | 端子序号 | 端子标识 | 端子名称 | 连接设备名称 | 注释 |
|---|---|---|---|---|---|
| 端口 A | 1 | GND | 地 | 室外主机或矩阵切换器 | 音频信号输入端口 |
| | 2 | AI | 音频入 | | |
| | 3 | GND | 地 | | 视频信号输入端口 |
| | 4 | VI | 视频入 | | |

（续）

| 端口号 | 端子序号 | 端子标识 | 端子名称 | 连接设备名称 | 注释 |
|--------|----------|----------|----------|--------------|------|
| 端口 A | 5 | GND | 地 | 监视器 | 视频信号输出端，可外接监视器 |
| | 6 | VO | 视频出 | | |
| 端口 B | 1 | CANH | CAN 正 | 室外主机或矩阵切换器 | CAN 总线接口 |
| | 2 | CANL | CAN 负 | | |
| 端口 C | 1～9 | | RS232 | 计算机 | RS232 接口，接上位计算机 |
| 端口 D | 1 | D1 | 18V 电源 | 电源箱 | 给管理中心机供电，18V 无极性 |
| | 2 | D2 | | | |

**注意：**

（1）当管理中心机处于 CAN 总线的末端时，需在 CAN 总线接线端子处并接一个 120Ω 的电阻（即并接在 CANH 与 CANL 之间）。

（2）布线要求：视频信号线采用 SYV75-3 同轴电缆；音频信号和 CAN 总线采用相应类型的电缆。

**4. 管理中心机装配效果**

管理中心机装配效果如图 1-4-3 所示。

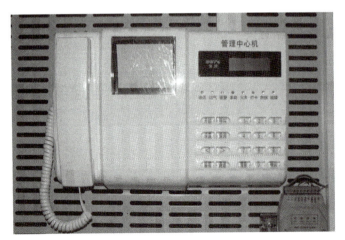

图 1-4-3　管理中心机装配效果

## 二、制订工作计划

查阅相关资料，了解任务实施的基本步骤，根据任务要求，结合现场勘察的实际情况，制订小组工作计划，并填写表 1-4-3。

表 1-4-3　综合对讲门禁系统设计安装与调试工作计划表

**综合对讲门禁系统设计安装与调试**

一、人员分工

1. 小组负责人：

2. 小组成员及分工：

| 姓名 | 主要职责 |
| --- | --- |
|  |  |
|  |  |
|  |  |
|  |  |

二、工具及材料清单

| 序号 | 工具或材料名称 | 单位 | 数量 | 备注 |
| --- | --- | --- | --- | --- |
|  |  |  |  |  |
|  |  |  |  |  |
|  |  |  |  |  |
|  |  |  |  |  |
|  |  |  |  |  |
|  |  |  |  |  |
|  |  |  |  |  |

三、工序及工期安排

| 序号 | 工作内容 | 开始时间 | 结束时间 | 备注 |
| --- | --- | --- | --- | --- |
|  |  |  |  |  |
|  |  |  |  |  |
|  |  |  |  |  |
|  |  |  |  |  |
|  |  |  |  |  |

四、安全防护措施

## 三、评价

以小组为单位，展示本组制订的工作计划；教师对学生制订的计划进行点评，在教师点评基础上对工作计划进行修改完善，并根据表 1-4-4 进行评分。

表 1-4-4　综合对讲门禁系统设计安装与调试工作计划评分表

| 评价内容 | 分值 | 评分 | | |
|---|---|---|---|---|
| | | 自我评价 | 小组评价 | 教师评价 |
| 计划制订是否有条理 | 10 | | | |
| 计划是否全面、完善 | 10 | | | |
| 人员分工是否合理 | 10 | | | |
| 任务要求是否明确 | 20 | | | |
| 工具清单是否正确、完善 | 20 | | | |
| 材料清单是否正确、完善 | 20 | | | |
| 团队合作 | 10 | | | |
| 合计 | | | | |

# 学习活动 3　现场施工

## 一、元器件安装

按照尺寸要求安装设备。

## 二、设备接线

### 1. 管理中心机与联网器接线

管理中心机与联网器接线如图 1-4-4 所示。

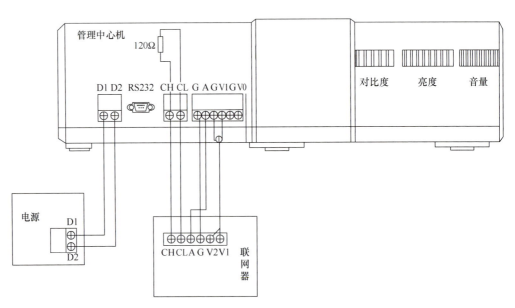

图 1-4-4　管理中心机与联网器接线

### 2. 综合对讲门禁系统框图

综合对讲门禁系统框图如图 1-4-5 所示。

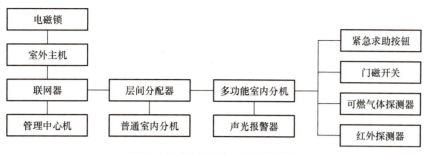

图 1-4-5　综合对讲门禁系统框图

### 3. 综合对讲门禁系统接线图

综合对讲门禁系统接线图如图 1-4-6 所示。

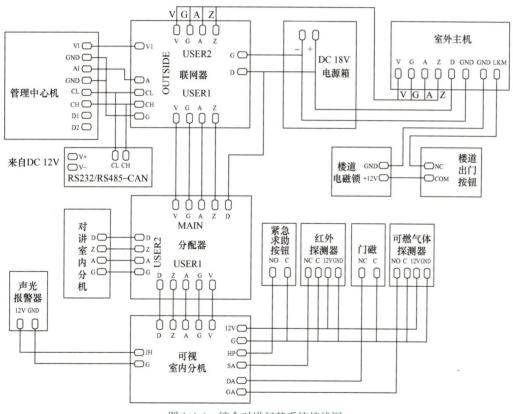

图 1-4-6　综合对讲门禁系统接线图

## 三、设备参数调试

### 1. 根据客户要求调试参数

通过对讲门禁系统中各有关器件的参数配置与调试，实现以下功能：

（1）通过室外主机（单元号为 4，楼栋号为 3）呼叫可视室内分机（房间号为 701），实现可视对讲与开锁功能，要求视频、语音清晰。

（2）通过室外主机（地址为 1）呼叫普通室内分机（房间号为 702），实现对讲与开锁功能，要求语音清晰。

（3）实现可视室内分机与非可视室内分机的户户对讲功能。

（4）修改管理中心机密码为 8736，并设置管理中心机器地址为 5。

（5）通过管理中心机呼叫可视室内分机和非可视室内分机，实现通话功能。

（6）注册两张 IC 卡，分属于两个住户（701 室和 702 室），实现室外主机的刷卡开锁功能。

（7）通过设置，实现密码开锁功能，701 室开锁密码为 1001；702 室开锁密码为 2002。

（8）设置可视分机撤防密码为 2010，房间号为 701。

（9）可视室内分机在外出布防状态下，触发红外探测器，声光报警器动作，管理中心机有声音警报，软件记录报警信息。

（10）触发可燃气体探测器和紧急求助按钮，管理中心机有声音警报，软件记录报警信息。

（11）可视室内分机设置撤防密码为 215；设置为外出布防状态时，触发任意探测器，均应实现室内分机报警和管理中心报警功能。

### 2. 常见故障及解决方法

综合对讲门禁系统常见故障及解决方法见表 1-4-5。

表 1-4-5　综合对讲门禁系统常见故障及解决方法

| 序号 | 故障现象 | 故障原因分析 | 排除方法 |
|---|---|---|---|
| 室外主机和室内分机 | | | |
| 1 | 开机指示灯不亮 | 电源线未接好 | 接好电源线 |
| 2 | 无法呼叫或无法响应呼叫 | 1. 通信线未接好<br>2. 室内分机电路损坏 | 1. 接好通信线<br>2. 更换室内分机 |
| 3 | 被呼叫时没有铃声 | 1. 扬声器损坏<br>2. 处于免打扰状态 | 1. 更换室内分机<br>2. 恢复到正常状态 |
| 4 | 室外主机呼叫室内分机或室内分机监视室外主机时显示屏不亮 | 1. 显示模组接线未接好<br>2. 显示模组电路故障<br>3. 室内分机处于节电模式 | 1. 检查显示模组接线<br>2. 更换室内分机<br>3. 系统电源恢复正常，显示屏可正常显示 |
| 5 | 能够响应呼叫，但通话不正常 | 音频通道电路损坏 | 更换室内分机 |
| 6 | 住户看不到视频图像 | 视频线没有接好 | 重新接线，将视频输入和视频输出线交换 |
| 7 | 住户听不到声音 | 音频线没有接好 | 重新接线，将音频输入和音频输出线交换 |
| 8 | 按键时 LED 数码管不亮，没有按键音 | 无电源输入 | 检查电源接线 |
| 9 | 刷卡不能开锁或不能巡更 | 卡没有注册或注册信息丢失 | 重新注册 |
| 10 | 室内分机无法监视室外主机 | 室外主机地址不为 1 | 重新设定室外卡分机地址，使其为 1 |
| 11 | 室外主机一通电就报防拆报警 | 防拆开关没有压住 | 重新安装室外主机 |
| 管理中心机 | | | |
| 12 | 液晶无显示，且电源指示灯不亮 | 1. 电源电缆连接不良<br>2. 电源坏 | 1. 检查连接电缆<br>2. 更换电源 |

（续）

| 序号 | 故障现象 | 故障原因分析 | 排除方法 |
|---|---|---|---|
| 13 | 电源指示灯亮，液晶无显示或黑屏 | 1. 液晶对比度调节不合适<br>2. 液晶电缆接触不良 | 1. 调节对比度<br>2. 检查连接电缆 |
| 14 | 呼叫时显示通信错误 | 1. 通信线接反或没接好<br>2. 终端没有并接终端电阻 | 1. 检查通信线连接<br>2. 接好终端电阻 |
| 15 | 显示接通呼叫，但听不到对方声音 | 1. 音频线接反或没接好<br>2. 矩阵没有配置或配置不正确 | 1. 检查音频线连接<br>2. 检查矩阵配置，重新配置矩阵 |
| 16 | 显示接通呼叫，但监视器没有显示 | 1. 视频线接反或没有接好<br>2. 矩阵切换器没有配置或配置不正确 | 1. 检查视频线连接<br>2. 检查网络拓扑结构设置和矩阵配置，重新配置矩阵 |
| 17 | 音频接通后自激啸叫 | 1. 扬声器音量调节过大<br>2. 麦克输出过大<br>3. 自激调节电位器调节不合适 | 1. 将扬声器音量调节到合适位置<br>2. 打开后壳，调节麦克电位器（XP2）到合适位置<br>3. 打开后壳，调节自激电位器（XP1）到合适位置 |
| 18 | 常鸣按键音 | 键帽和面板之间进入杂物导致死键 | 清除杂物 |

## 四、项目验收

在验收阶段，各小组派代表进行交叉验收，并填写验收记录表，见表1-4-6。

表 1-4-6　综合对讲门禁系统设计安装与调试项目验收记录表

| 验收问题记录 | 整改措施 | 完成时间 | 备注 |
|---|---|---|---|
|  |  |  |  |
|  |  |  |  |
|  |  |  |  |
|  |  |  |  |
|  |  |  |  |

以小组为单位认真填写综合对讲门禁系统设计安装与调试验收报告（见表1-4-7），并将学习活动中的设备安装调试项目填写完整。

表 1-4-7　综合对讲门禁系统设计安装与调试验收报告

| 工程项目名称 | 综合对讲门禁系统设计安装与调试 | | | |
|---|---|---|---|---|
| 施工单位 |  | 联系人 |  |  |
| 地址 |  | 电话 |  |  |
| 项目责任人 |  | 施工周期 |  |  |
| 工程概况 |  | | | |
| 现存问题 |  | 完成时间 |  |  |
| 改进措施 |  | | | |
| 验收结果 | 主观评价 | 客观测试 | 施工质量 | 材料移交 |
|  |  |  |  |  |

安全技术防范系统施工

以小组为单位，展示本组综合对讲门禁系统设计安装与调试成果，根据表1-4-8所列的评分标准进行评分。

表1-4-8 综合对讲门禁系统设计安装与调试评分表

| 评分内容 | | 配分 | 重点检查内容 | 评分标准 | 分值 | 得分 | 备注 |
|---|---|---|---|---|---|---|---|
| 综合对讲门禁系统设计安装与调试 | 器件安装 | 25 | 单元门口主机安装<br>联网器安装<br>可视室内分机安装<br>普通室内分机安装<br>层间分配器安装<br>开门按钮安装<br>红外探测器安装<br>紧急求助按钮安装<br>电磁锁安装<br>管理中心机安装 | 器件选择正确、安装位置正确、器件安装后无松动 | 25 | | 少安装一个器件扣3分 |
| | 接线与布线 | 25 | 室外主机接线<br>多功能室内分机接线<br>室内普通分机接线<br>联网器接线<br>层间分配器接线<br>管理中心机接线<br>红外探测器接线<br>声光报警器接线<br>紧急求助按钮接线<br>电磁锁接线 | 接入的门磁开关、紧急求助按钮、红外探测器、可燃气体探测器中任何一个被触发时，声光报警器及管理中心机报警 | 25 | | 任意一个器件未连线扣3分 |
| | 功能要求 | 40 | 室外主机地址 | 1 | 4 | | |
| | | | 多功能室内分机地址 | 701 | 2 | | |
| | | | 室内普通分机地址 | 702 | 2 | | |
| | | | 室外主机呼叫多功能机 | 实现对讲与开锁功能，要求语音清晰 | 8 | | |
| | | | 密码开锁功能 | 701，702室开锁密码分别为1001，2002 | 8 | | |
| | | | 巡更卡注册成功 | 住户701开门卡<br>住户702开门卡 | 8 | | |
| | | | 探测器报警功能 | 能显示所有探测器触发功能 | 8 | | |
| | 工艺 | 10 | 工艺要求一 | 标识号码管 | 10 | | 不满足其中一项扣2分 |
| | | | 工艺要求二 | 上焊锡，均匀 | | | |
| | | | 工艺要求三 | 视频信号线采用SYV75-3同轴电缆 | | | |
| | | | 工艺要求四 | 线槽内布线整齐 | | | |
| | | | 工艺要求五 | 信号线续接处应用热缩管进行保护 | | | |
| | | | 工艺要求六 | CAN总线采用两芯屏蔽线 | | | |

## 学习活动4 总结与评价

### 一、工作总结

以小组为单位，选择演示文稿、展板、海报、录像等形式中的一种或几种向全班展示，汇报学习成果。

### 二、综合评价

请同学们积极回顾与总结，完成自我评价和小组互评，教师通过观察，根据大家在整个过程中的表现，完成教师评价；学生客观地观察自己的评价情况，明确努力方向，并填写表1-4-9。

表1-4-9　综合对讲门禁系统设计安装与调试评价表

| 评价项目 | 评价内容 | 评价标准 | 评价方式 | | |
|---|---|---|---|---|---|
| | | | 自我评价 | 小组评价 | 教师评价 |
| 职业素养 | 安全意识、责任意识 | A.作风严谨、自觉遵章守纪、出色完成工作任务<br>B.能够遵守规章制度，较好地完成工作任务<br>C.遵守规章制度，没完成工作任务，或完成工作任务但忽视规章制度<br>D.不遵守规章制度，没完成工作任务 | | | |
| | 学习态度、主动性 | A.积极参与教学活动，全勤<br>B.缺勤达本任务总学时的10%<br>C.缺勤达本任务总学时的20%<br>D.缺勤达本任务总学时的30% | | | |
| | 团队合作意识 | A.与同学协作融洽，团队合作意识强<br>B.与同学能沟通，协同工作能力较强<br>C.与同学能沟通，协同工作能力一般<br>D.与同学沟通困难，协同工作能力较差 | | | |
| 专业能力 | 学习活动1 明确工作任务 | A.按时、完整地完成工作页，问题回答正确<br>B.按时、完整地完成工作页，问题回答基本正确<br>C.未能按时、完整地完成工作页，或内容遗漏、错误较多<br>D.未完成工作页 | | | |
| | 学习活动2 施工前准备 | A.学习活动评价成绩为90～100分<br>B.学习活动评价成绩为75～89分<br>C.学习活动评价成绩为60～74分<br>D.学习活动评价成绩为0～59分 | | | |
| | 学习活动3 现场施工 | A.学习活动评价成绩为90～100分<br>B.学习活动评价成绩为75～89分<br>C.学习活动评价成绩为60～74分<br>D.学习活动评价成绩为0～59分 | | | |
| 创新能力 | | 学习过程中提出具有创新性、可行性的建议 | 加分奖励： | | |
| 班级 | | | 学号 | | |
| 姓名 | | | 综合评价等级 | | |
| 指导教师 | | | 日期 | | |

## ▶▶ 知识拓展

### 废旧电线电缆怎么处理，回收再利用的方法有哪些？

#### 1. 焚烧法

此法是传统的"烧取铜"分离回收方法，利用电缆线皮可以燃烧的性质使废电线、电缆燃烧，然后回收里面的铜。在使用焚烧法焚烧电线的过程中，铜线的表面严重氧化，降低了有色金属的回收率，并且燃烧线皮对环境的污染较大，在如今国家强抓环保的政策下，此方法是被明令禁止的。

#### 2. 手工剥皮法

该方法采用人工的方式将电线电缆的皮剥开，该方法的效率低、成本高，对于一些电缆线、平方线，手工剥皮法的分离效果较好一些，对于一些汽车线、网线、家电拆解线等毛丝杂线，手工剥皮法的分离效果较差。随着经济的发展，人工成本是越来越高，采用该方式处理废电线、电缆的情况越来越少。

#### 3. 机械剥皮法

采用线缆剥皮机进行处理，该法属于半机械化方法，仍需要人工操作，劳动强度大、效率低，而且只适用于处理粗径线缆。

#### 4. 机械粉碎法

机械粉碎法是指利用铜线破碎机进行处理的方法，铜线破碎机采用干式物理分离技术，通过破碎分离分选，从中提取金属与非金属元素，金属回收率可达99%，机械粉碎法可以得到纯净的铜与塑料，分离出的铜可以直接出售给金属加工厂，用于加工制作金属物品；塑料也可以直接出售给塑料加工厂，以此实现资源的循环使用。

# 项目 ② 视频监控及周边防范系统

## 项目目标

### 1. 知识目标

（1）掌握视频监控系统的基本工作原理及组成。
（2）掌握视频监控系统中的典型设备及参数。
（3）掌握视频监控系统中网线的制作方法与工艺。
（4）掌握网络硬盘录像机的基本功能及操作。

### 2. 能力目标

（1）具备视频监控系统图识图、设备定位测量、设备安装及调试能力。
（2）具备网络线路接口制作能力。
（3）具备视频监控系统中常见线缆选型能力。
（4）具备视频监控系统摄像机、交换机、监控主机的编程调试能力。
（5）具备视频监控系统图初步设计能力。

### 3. 素养目标

（1）培养安全、环保及职业卫生意识。
（2）培养沟通协调、团队协作、解决问题及总结、表达能力。
（3）弘扬工匠精神，激励学生走技能成才之路。

## 职业技能要求

本项目学习对应"综合安防系统建设与运维（中级）"职业技能：根据业务需求，完成视频监控及周边防范系统的现场勘察、硬件产品安装、线缆连接部署、监控主机的编程调试，以及硬件产品和工具的基础配置等工作任务。

## 工作流程与活动

根据学习任务要求和工作过程的逻辑分析任务流程，将本次学习任务的学习内容分解为：明确工作任务、施工前准备、现场施工、总结与评价 4 个部分。

# 任务 2.1　视频监控系统基础知识

### 工作情景描述

　　某小区要安装一套视频监控系统，现需要为该视频监控系统制作视频传输线，以备后期安装使用，要求能实现视频信号的传输。

网络视频监控系统设备介绍

### 任务目标

　　**知识与技能目标：**

（1）掌握视频监控系统的工作原理。

（2）掌握视频监控系统的组成。

（3）掌握视频头的制作方法。

（4）掌握网线的制作方法。

　　**过程与方法目标：**

（1）能通过阅读设备安装任务单和现场勘察，明确工作任务要求。

（2）能够根据任务要求和实际情况，合理制订工作计划。

（3）能根据工作任务和工作计划正确制作传输线。

（4）能够对任务实施做出合理的总结和评价。

态度与价值观目标：

提升理论原理理解能力，培养工匠精神、环保与可持续发展理念。

**建议课时** 2课时。

## 学习活动 1 明确工作任务

### 一、阅读施工任务单

阅读施工任务单，了解本次施工任务的工作内容，制订施工计划，完善施工相关信息，填写表 2-1-1。

表 2-1-1 视频传输线制作施工任务单

工程项目名称：视频传输线制作

| 工种 / 班组长 | | 施工日期 | | |
|---|---|---|---|---|
| 序号 | 施工部位 / 任务纪要 | 作业人数 | 开始时间 | 结束时间 |
| 1 | 设备、耗材选取购买 | | | |
| 2 | 设备安装、接线 | | | |
| 3 | 设备参数调试 | | | |
| 4 | 现场清理 | | | |
| 近期作业人员进场计划及施工进场计划 | | 工程量计算方式 | | |
| | | | | |
| | | 完成质量 | | |
| | | 安全文明生产情况 | | |
| 备注：所有施工人员施工前，应了解施工图接线要求、任务要求、技术要求和施工要点。进入施工现场要佩戴安全帽，系好帽扣，高空作业时必须系好安全带。注意安全用电，注意现场卫生 | | 派工员 | | |
| | | 班组长接收人 | | |

### 二、认识设备元器件，勘察施工现场

（1）勘察视频监控系统设备安装施工现场的基本情况（包括安装位置、尺寸要求、线路连接等情况），做好记录。

（2）检查传输线制作工具及耗材。

## 学习活动 2　施工前准备

### 一、视频监控系统工作原理

视频监控系统是安防系统的"眼睛"，利用视频监控系统可直接监视建筑内外的情况，安保人员可以在控制中心方便地了解监控区域内外的情况。视频监控系统能实时、形象、真实地反映被监控对象的状态。

通常视频监控系统可以通过遥控摄像机及其辅助设备（自动云台、镜头）直接显示被监视区域的状态，把被监视区域的图像、声音内容同时传送到监控中心计算机终端进行处理，图像通过显示终端显示，使被监视的情况实时显现在安保人员面前，同时计算机终端可以与防盗报警系统等安全防范体系联动运行，实现自动跟踪、实时处理，此外也可以将监视区域的图像与声音全部或部分存储，便于为日后某些事件的处理提供依据。

### 二、视频监控系统基本组成

一般视频监控系统主要由前端部分（由摄像部分和监听部分组成）、传输介质、终端部分（显示与记录部分）和监控主机（控制部分）4 个部分组成。图 2-1-1 所示为典型的视频监控系统示意图，主要完成图像信号的获取、传输、分配、切换、显示、存储、处理和还原功能。

图 2-1-1　典型的视频监控系统示意图

### 三、数字监控与模拟监控的区别

#### 1. 摄像机的接口不同

模拟监控摄像机的接口使用 BNC 接头；网络摄像机使用水晶头，也就是网线进行连接。

#### 2. 线材不同

模拟监控摄像机使用同轴电缆连接，网络摄像机使用网线连接。

#### 3. 传输距离不相同

使用同轴电缆传输的模拟监控，一般在 300m 之内都可以看到监控画面，而且线路可以在中间直接接驳，但是最后的显示效果可能会出现画面失真的情况。而使用网线传输的网络摄像机，最好网线距离不超过 100m，否则有可能看不到录像画面。

### 四、制订工作计划

查阅相关资料，了解任务实施的基本步骤，根据任务要求，结合现场勘察的实际情况，制订并完成工作计划，填写表 2-1-2。

表 2-1-2　视频传输线制作工作计划表

**视频传输线制作**

一、人员分工

1. 小组负责人：

2. 小组成员及分工：

| 姓名 | 主要职责 |
| --- | --- |
|  |  |
|  |  |
|  |  |
|  |  |

二、工具及材料清单

| 序号 | 工具或材料名称 | 单位 | 数量 | 备注 |
| --- | --- | --- | --- | --- |
|  |  |  |  |  |
|  |  |  |  |  |
|  |  |  |  |  |
|  |  |  |  |  |
|  |  |  |  |  |
|  |  |  |  |  |

三、工序及工期安排

| 序号 | 工作内容 | 开始时间 | 结束时间 | 备注 |
| --- | --- | --- | --- | --- |
|  |  |  |  |  |
|  |  |  |  |  |
|  |  |  |  |  |
|  |  |  |  |  |
|  |  |  |  |  |

四、安全防护措施

# 五、评价

以小组为单位，展示本组制订的工作计划，然后在教师点评基础上对工作计划进行修改完善，并根据表 2-1-3 中的评分标准进行评分。

表 2-1-3　视频传输线制作工作计划评分表

| 评价内容 | 分值 | 评分 | | |
| --- | --- | --- | --- | --- |
| | | 自我评价 | 小组评价 | 教师评价 |
| 计划制订是否有条理 | 10 | | | |
| 计划是否全面、完善 | 10 | | | |
| 人员分工是否合理 | 10 | | | |
| 任务要求是否明确 | 20 | | | |
| 工具清单是否正确、完善 | 20 | | | |
| 材料清单是否正确、完善 | 20 | | | |
| 团队合作 | 10 | | | |
| 合计 | | | | |

## 学习活动 3　现场施工

### 一、视频传输线的 BNC 接头制作

BNC（基本网络卡）接头有压接式、组装式和焊接式。制作压接式 BNC 接头需要专用卡线钳和电工刀。BNC 接头制作步骤如下。

#### 1. 剥线

用小刀或者剪刀将 1 根 1m 同轴电缆外层保护胶皮划开并剥去 1.0cm 长的保护胶皮，不能割断金属屏蔽网的金属线，把裸露出来的金属屏蔽网理成一股金属线，再将芯线外的乳白色绝缘层剥去 0.4cm 长，使芯线裸露（见图 2-1-2）。

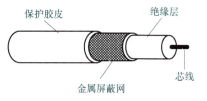

图 2-1-2　同轴电缆结构图

#### 2. 连接芯线

把屏蔽金属套筒和尾部穿入同轴电缆中，将拧成一股的同轴电缆金属屏蔽网线穿过 BNC 本体固定块上的小孔，并使同轴电缆的芯线插入芯线插针尾部的小孔中，同时用电烙铁焊接芯线与芯线插针，焊接金属屏蔽网线与 BNC 本体固定块。

#### 3. 压线

使用电工钳将固定块卡紧同轴电缆，将屏蔽金属套筒旋紧 BNC 本体。重复上述方法在同轴电缆另一端制作，BNC 接头即制作完成。

#### 4. 测试

使用万用电表检查视频电缆两端 BNC 接头的屏蔽金属套筒与屏蔽金属套筒之间是否导通，芯线插针与芯线插针之间是否导通，若其中有一项不导通，则视频电缆断路，需重新制作。

使用万用电表检查视频电缆两端 BNC 接头的屏蔽金属套筒与芯线插针之间是否导通，若导通，则视频电缆短路，需重新制作。

## 二、网线的制作

RJ45 水晶头由金属触片和塑料外壳构成，它的前端有 8 个凹槽，简称"8P"，凹槽内有 8 个金属触点，简称"8C"，因此 RJ45 水晶头又称为"8P8C"接头。端接水晶头时，要注意它的引脚次序，当金属片朝上时，1 ～ 8 的引脚次序应从左往右数。RJ45 水晶头有两种线序 T568A 和 T568B 排序。T568A 的线序是：白 / 绿、绿、白 / 橙、蓝、白 / 蓝、橙、白 / 棕、棕。T568B 的线序是：白 / 橙、橙、白 / 绿、蓝、白 / 蓝、绿、白 / 棕、棕。T568B 线序示意图如图 2-1-3 所示。

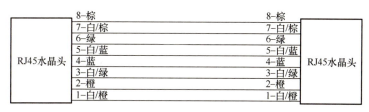

图 2-1-3　T568B 线序示意图

下面以 T568B 标准为例，介绍 RJ45 水晶头的连接步骤。

### 1. 剥线

用网线剥线器将网线塑料外皮剥去。

### 2. 排线

将绿色线对与蓝色线对放在中间位置，而橙色线对与棕色线对放在靠外的位置，形成左 1 橙、左 2 蓝、左 3 绿、左 4 棕的线对次序。

### 3. 理线

小心地剥开每一线对（开绞），并将线芯按 T568B 标准排序、特别是要将白 / 绿线芯从蓝和白 / 蓝线对上交叉至 3 号位置，将线芯拉直压平、挤紧理顺。

### 4. 剪切

将裸露出的线芯用压线钳、剪刀、斜口钳等工具整齐地剪切，只剩下约 13mm 的长度。

### 5. 插入

一手以拇指和中指捏住水晶头，并用食指抵住，水晶头的方向是金属引脚朝上、弹片朝下。另一只手捏住双绞线，用力缓缓将双绞线 8 条导线依序插入水晶头，并一直插到 8 个凹槽顶端。

### 6. 检查

检查水晶头正面，查看线序是否正确；检查水晶头顶部，查看 8 根线芯是否都顶到顶部。

### 7. 压接

确认无误后，将 RJ45 水晶头推入压线钳夹槽后，用力握紧压线钳，将凸出在外面的针脚全部压入 RJ45 水晶头内，RJ45 水晶头连接完成。

### 8. 制作跳线

用同一标准在网线另一侧安装水晶头，完成直通网络跳线的制作。

### 9. 测试

用 RJ45 网络测试仪测试，把网线两端分别插入 8 针的端口，然后将测试仪的电源开关打到"ON"的位置，此时测试仪指示灯 1 ～ 8 应依次闪亮。如果有灯不亮，则表示所做的网线不合格。不合格原因可能是两边的线序错误，或线与水晶头的铜片接触不良，需重新压接 RJ45 水晶头。

## 三、项目验收

在验收阶段，各小组派代表进行交叉验收，并填写验收记录表，见表 2-1-4。

表 2-1-4 视频传输线制作验收记录表

| 验收问题记录 | 整改措施 | 完成时间 | 备注 |
|---|---|---|---|
|  |  |  |  |
|  |  |  |  |
|  |  |  |  |
|  |  |  |  |

以小组为单位认真填写视频传输线制作验收报告（见表 2-1-5），并将学习活动中的设备安装调试项目填写完整。

表 2-1-5 视频传输线制作验收报告

| 工程项目名称 | 视频传输线制作 | | | |
|---|---|---|---|---|
| 施工单位 |  | 联系人 |  |  |
| 地址 |  | 电话 |  |  |
| 项目责任人 |  | 施工周期 |  |  |
| 工程概况 |  | | | |
| 现存问题 |  | 完成时间 |  |  |
| 改进措施 |  | | | |
| 验收结果 | 主观评价 | 客观测试 | 施工质量 | 材料移交 |
|  |  |  |  |  |

以小组为单位，展示本组视频传输线制作成果，根据表 2-1-6 所列的评分标准进行评分，并填写表格。

表 2-1-6　视频传输线制作评分表

| 评分内容 | | 配分 | 重点检查内容 | 评分标准 | 分值 | 得分 | 备注 |
|---|---|---|---|---|---|---|---|
| BNC 接头 制作 | 功能 要求 | 30 | 万用表检测传输线制作是 否成功 | 视频电缆两端 BNC 接头的 屏蔽金属套筒与屏蔽金属套 筒之间是否导通 | 10 | | |
| | | | | 芯线插针与芯线插针之间 是否导通 | 10 | | |
| | | | | 电缆两端 BNC 接头的屏蔽 金属套筒与芯线插针之间 是否导通 | 10 | | |
| | 工艺 要求 | 10 | 工艺要求 | 金属网是否有毛刺 | 10 | | |
| 网线 制作 | 功能 要求 | 30 | 网络检测仪检测网线是 否通 | 检测仪两边的同一数字指 示灯一起亮 | 30 | | |
| | 工艺 要求 | 30 | 工艺要求一 | 水晶头顶端每根线芯是否 送到位 | 10 | | |
| | | | 工艺要求二 | 水晶头的 8 个弹片是否 到位 | 10 | | |
| | | | 工艺要求三 | 网线的外皮是否压在水晶 头的凹槽下 | 10 | | |

# 学习活动 4　总结与评价

## 一、工作总结

以小组为单位，选择演示文稿、展板、海报、录像等形式中的一种或几种向全班展示，汇报学习成果。

## 二、综合评价

请同学们积极回顾与总结，完成自我评价和小组互评，教师通过观察，根据大家在整个过程中的表现，完成教师评价；学生客观地观察自己的评价情况，明确努力方向，并填写表 2-1-7。

表 2-1-7　视频传输线制作评价表

| 评价 项目 | 评价内容 | 评价标准 | 评价方式 | | |
|---|---|---|---|---|---|
| | | | 自我 评价 | 小组 评价 | 教师 评价 |
| 职业 素养 | 安全意识、 责任意识 | A.作风严谨、自觉遵章守纪、出色完成工作任务 B.能够遵守规章制度，较好地完成工作任务 C.遵守规章制度，没完成工作任务，或完成工作任务但忽视规章制度 D.不遵守规章制度，没完成工作任务 | | | |
| | 学习态度、主 动性 | A.积极参与教学活动，全勤 B.缺勤达本任务总学时的 10% C.缺勤达本任务总学时的 20% D.缺勤达本任务总学时的 30% | | | |

（续）

| 评价项目 | 评价内容 | 评价标准 | 评价方式 | | |
|---|---|---|---|---|---|
| | | | 自我评价 | 小组评价 | 教师评价 |
| 职业素养 | 团队合作意识 | A. 与同学协作融洽，团队合作意识强<br>B. 与同学能沟通，协同工作能力较强<br>C. 与同学能沟通，协同工作能力一般<br>D. 与同学沟通困难，协同工作能力较差 | | | |
| 专业能力 | 学习活动 1<br>明确工作任务 | A. 按时、完整地完成工作页，问题回答正确<br>B. 按时、完整地完成工作页，问题回答基本正确<br>C. 未能按时、完整地完成工作页，或内容遗漏、错误较多<br>D. 未完成工作页 | | | |
| | 学习活动 2<br>施工前准备 | A. 学习活动评价成绩为 90～100 分<br>B. 学习活动评价成绩为 75～89 分<br>C. 学习活动评价成绩为 60～74 分<br>D. 学习活动评价成绩为 0～59 分 | | | |
| | 学习活动 3<br>现场施工 | A. 学习活动评价成绩为 90～100 分<br>B. 学习活动评价成绩为 75～89 分<br>C. 学习活动评价成绩为 60～74 分<br>D. 学习活动评价成绩为 0～59 分 | | | |
| 创新能力 | | 学习过程中提出具有创新性、可行性的建议 | 加分奖励： | | |
| 班级 | | | 学号 | | |
| 姓名 | | | 综合评价等级 | | |
| 指导教师 | | | 日期 | | |

# 任务 2.2　普通摄像机安装与调试

## 工作情景描述

　　某小区用户要求安装一套视频监控系统，安保人员可以通过该系统的遥控摄像机及其辅助设备，直接观看被监视场所的一切情况。该系统把被监视场所的图像传送到监控中心，同时还可以把被监视场所的图像及声音记录下来，为日后某些事件的处理提供了方便条件和重要依据。该系统能够完成对管理中心和小区的视频监控和录像等功能，按要求完成相关工作任务。

网络视频监控系统设备安装

## 任务目标

知识与技能目标：
（1）掌握硬盘录像机的安装方法及接口功能。
（2）掌握普通摄像机的功能结构。
（3）掌握普通摄像机的安装和激活方法。

（4）掌握普通摄像机图像采集和调试方法。

**过程与方法目标：**

（1）能通过阅读设备安装任务单和现场勘察，明确工作任务要求。

（2）能够根据任务要求和实际情况，合理制订工作计划。

（3）能够根据系统之间的连接关系，正确完成系统的安装。

（4）能够根据任务要求完成各项功能的调试。

（5）能够对任务实施做出合理的总结和评价。

**态度与价值观目标：**

提升设计职业能力，培养工匠精神、安全防护、环保与可持续发展理念。

**建议课时**　10 课时。

## 学习活动 1　明确工作任务

### 一、阅读施工任务单

阅读并完善施工任务单，了解本次施工任务的工作内容，制订施工计划，完善施工相关信息并填写表 2-2-1。

表 2-2-1　普通摄像机安装与调试施工任务单

工程项目名称：普通摄像机安装与调试

| 工种 / 班组长 | | 施工日期 | | |
|---|---|---|---|---|
| 序号 | 施工部位 / 任务纪要 | 作业人数 | 开始时间 | 结束时间 |
| 1 | 设备、耗材选取购买 | | | |
| 2 | 设备安装、接线 | | | |
| 3 | 设备参数调试 | | | |
| 4 | 现场清理 | | | |
| 近期作业人员进场计划及施工进场计划 | | | 工程量计算方式 | |
| | | | 完成质量 | |
| | | | 安全文明生产情况 | |
| 备注：所有施工人员施工前，应了解施工图接线要求、任务要求、技术要求和施工要点。进入施工现场要佩戴安全帽，系好帽扣，高空作业时必须系好安全带。注意安全用电，注意现场卫生 | | | 派工员 | |
| | | | 班组长接收人 | |

### 二、认识设备元器件，勘察施工现场

（1）勘察普通摄像机安装与调试施工现场的基本情况（包括安装位置、尺寸要求、线路连接等情况），做好记录。

（2）识读设备说明书，记录每个元件的参数。

# 学习活动 2　施工前准备

## 一、认识监视器

### 1. 监视器结构的外形

监视器的外形如图 2-2-1 所示。

### 2. 监视器的安装

（1）将机柜内的托板移至上方，且预留合适监视器的安装空隙并固定。

图 2-2-1　监视器的外形

（2）把监视器放置固定牢固的托板上，即可完成监视器的安装。

（3）将另一个液晶监视器安装于智能大楼（小区）前面网孔板的右侧。

## 二、认识硬盘录像机

### 1. 硬盘录像机的结构

硬盘录像机前面板包含操作按键，如图 2-2-2 所示。硬盘录像机后面板包含网线接口、报警接线端口等，如图 2-2-3 所示。

图 2-2-2　硬盘录像机前面板

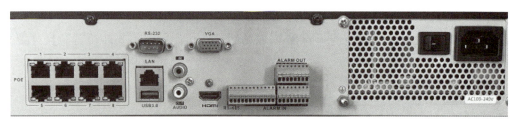

图 2-2-3　硬盘录像机后面板

## 2.硬盘录像机的安装

（1）将网络机柜内的托板移至监视器下方，预留合适的安装位置，用于安装硬盘录像机。

（2）将硬盘录像机固定到网络机柜内的托板上。

## 3.硬盘录像机接线端子说明

硬盘录像机接线端子包含 POE、RS-232 等端口，见表 2-2-2。

表 2-2-2　硬盘录像机接线端子说明

| 端子序号 | 端子标识 | 端子名称 | 连接关系 |
| --- | --- | --- | --- |
| 1 | POE | 网络摄像机 | 接网络摄像机 |
| 2 | RS-232 | RS-232 接口 | 录像机软件的升级接口 |
| 3 | LAN | 以太网接口 | 接交换机或路由器或 PC |
| 4 | USB | USB 接口 | 连接鼠标键盘或连接 U 盘用来备份或者复制监控录像 |
| 5 | VGA | 监视器接口 | 连接监控显示设备 |
| 6 | AUDIO-IN | 音频输入 | 拾音设备 |
| 7 | AUDIO-OUT | 音频输出 | 音响设备 |
| 8 | HDMI | 高清数字接口 | 监控显示器或者电视机等显示设备 |
| 9 | ALARM IN | 报警输入 | 接探测器 |
| 10 | ALARM OUT | 报警输出 | 接报警器 |

# 三、认识普通摄像机

## 1.红外阵列筒形摄像机及安装方法

红外阵列筒形摄像机的外形如图 2-2-4 所示。

（1）将摄像机支架固定到智能小区的后面网孔板右边。

（2）将摄像机固定到摄像机支架上，并调整镜头对准楼道。

## 2.红外半球摄像机

红外半球摄像机的外形如图 2-2-5 所示。

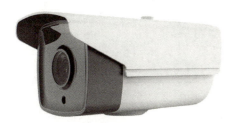

图 2-2-4　红外阵列筒形摄像机的外形

图 2-2-5　红外半球摄像机的外形

（1）半球形摄像机一般倒装在天花板上，将底座固定在天花板上。

（2）将半球形摄像机安装在底座上，并调整镜头对监视点。

### 3. 红外筒形摄像机

红外筒形摄像机的外形如图 2-2-6 所示。

（1）将红外筒形摄像机固定到管理中心前面网孔板的右边。

（2）将红外筒形摄像机固定到摄像支架上，并调整镜头，使其对准楼道。

图 2-2-6　红外筒形摄像机的外形

### 四、网络摄像机的激活

网络摄像机首次使用时需要激活并设置登录密码，才能正常登录和使用。可以通过客户端软件或浏览器方式激活。网络摄像机出厂初始信息如下：IP 地址为 192.168.1.64，HTTP 端口号为 8000，管理用户为 admin。

### 1. 通过客户端软件配置

（1）通过客户端软件激活。

步骤 1：安装随机光盘或从官网下载的客户端软件，运行软件后，选择"控制面板"→"设备管理"选项卡，将弹出"设备管理"界面（见图 2-2-7）。客户端软件会自动搜索局域网内的所有在线设备，列表"在线设备"中会显示 IP、设备类型、安全状态、设备序列号等信息。

图 2-2-7　客户端软件激活界面

步骤 2：选中处于未激活状态的网络摄像机，单击"激活"按钮，弹出"激活"界面。设置网络摄像机密码（密码设置为 admin12345），单击"确定"按钮，成功激活摄像机后，列表中"安全状态"会更新为"已激活"，如图 2-2-8 所示。

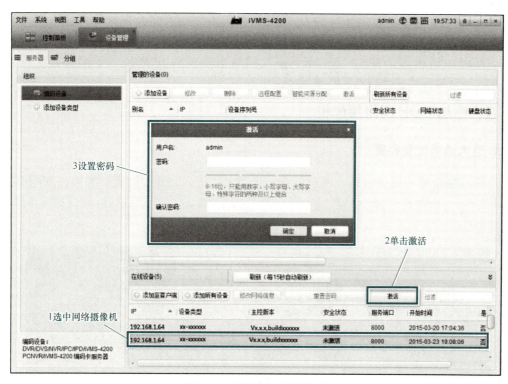

图 2-2-8 设置用户密码界面

（2）通过客户端软件修改摄像机的 IP 地址。选中已激活的网络摄像机，单击"修改网络参数"按钮，在弹出的页面中修改网络摄像机的 IP 地址（摄像机 IP 地址默认改为 192.168.1.1 ～ 254）、网关等信息。修改完毕后输入激活设备时设置的密码，单击"确定"按钮。若提示"修改参数成功"，则表示 IP 等参数设置生效。若网络中有多台网络摄像机，建议您重复上述操作，修改网络摄像机的 IP 地址、子网掩码、网关等信息，以防 IP 地址冲突导致异常访问。设置网络摄像机的 IP 地址时，保持设备的 IP 地址与计算机的 IP 地址处于同一网内。

### 2. 通过浏览器配置

（1）通过浏览器激活。将计算机的 IP 地址与网络摄像机的 IP 地址设置在同一网段，在浏览器中输入网络摄像机的 IP 地址，显示设备激活界面（密码设置为 admin12345）。浏览器激活界面如图 2-2-9 所示。

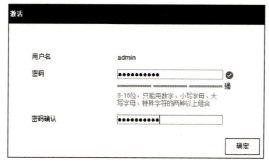

图 2-2-9 浏览器激活界面

（2）通过浏览器修改摄像机的 IP 地址。如果网络中有多台网络摄像机，请修改网络摄像机的 IP 地址，防止 IP 地址冲突导致网络摄像机访问异常。登录网络摄像机后，可在"配置→网络→TCP/IP"界面下修改网络摄像机的 IP 地址、子网掩码、网关等参数。

## 五、添加 POE 网络摄像机

### 1. 进入通道配置界面

选择"主菜单→通道管理→通道配置"选项卡，进入"通道配置"界面，如图 2-2-10 所示。

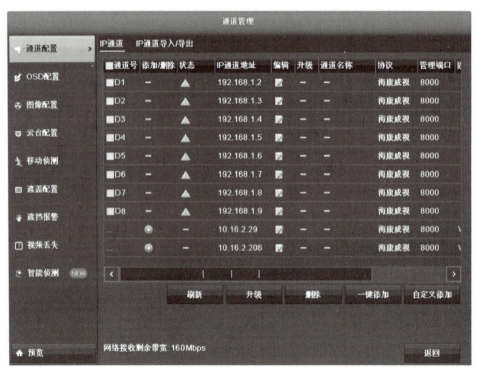

图 2-2-10　通道配置界面

### 2. 编辑 IP 通道

选择 ✐ 图标或双击通道，进入"编辑 IP 通道"界面。添加方式选择"即插即用"方式（见图 2-2-11），需将 IP 通道连接到独立的 100M 以太网口上或带 POE 供电的独立的 100M 以太网口上。

### 3. 连接设备

设备自动修改独立以太网口 IP 设备的 IP 地址，并成功连接，图 2-2-12 所示为 IP 通道即插即用添加成功界面。

图 2-2-11　编辑 IP 通道界面

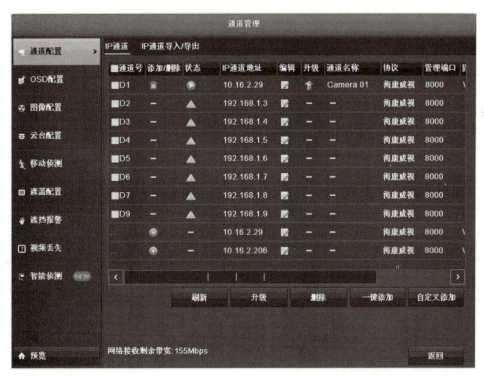

图 2-2-12　IP 通道即插即用添加成功界面

## 六、制订工作计划

查阅相关资料，了解任务实施的基本步骤，根据任务要求，结合现场勘察的实际情况，制订并完成小组工作计划，填写表 2-2-3。

表 2-2-3　普通网络摄像机安装与调试工作计划表

**普通网络摄像机的安装与调试**

一、人员分工

1. 小组负责人：

2. 小组成员及分工：

| 姓名 | 主要职责 |
|---|---|
|  |  |
|  |  |
|  |  |
|  |  |

二、工具及材料清单

| 序号 | 工具或材料名称 | 单位 | 数量 | 备注 |
|---|---|---|---|---|
|  |  |  |  |  |
|  |  |  |  |  |
|  |  |  |  |  |
|  |  |  |  |  |
|  |  |  |  |  |
|  |  |  |  |  |
|  |  |  |  |  |

三、工序及工期安排

| 序号 | 工作内容 | 开始时间 | 结束时间 | 备注 |
|---|---|---|---|---|
|  |  |  |  |  |
|  |  |  |  |  |
|  |  |  |  |  |
|  |  |  |  |  |

四、安全防护措施

## 七、评价

　　以小组为单位，展示本组制订的工作计划；教师对学生制订的计划进行点评，在教师点评基础上对工作计划进行修改完善，并根据表 2-2-4 中的评分标准进行评分。

表 2-2-4 普通网络摄像机安装与调试工作计划评分表

| 评价内容 | 分值 | 评分 | | |
| --- | --- | --- | --- | --- |
| | | 自我评价 | 小组评价 | 教师评价 |
| 计划制订是否有条理 | 10 | | | |
| 计划是否全面、完善 | 10 | | | |
| 人员分工是否合理 | 10 | | | |
| 任务要求是否明确 | 20 | | | |
| 工具清单是否正确、完善 | 20 | | | |
| 材料清单是否正确、完善 | 20 | | | |
| 团队合作 | 10 | | | |
| 合计 | | | | |

# 学习活动 3　现场施工

## 一、元器件安装

按照尺寸要求安装各个设备。

## 二、设备接线

### 1.摄像机、网络硬盘录像机和监视器间的连接

根据设备接线框图（见图 2-2-13），完成线路连接。

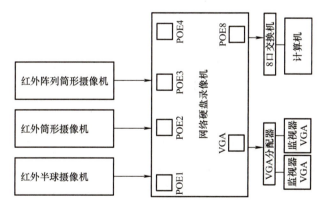

图 2-2-13　设备接线框图

（1）网线连接。

将红外半球摄像机的网络接入网络硬盘录像机的 POE1 口，红外筒形摄像机的网络接入网络硬盘录像机的 POE2 口，红外阵列筒形摄像机的网络接入网络硬盘录像机的 POE3 口。摄像机与硬盘录像机连接如图 2-2-14 所示。

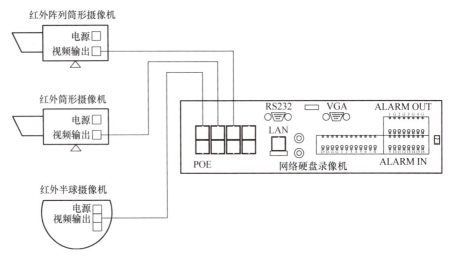

图 2-2-14　摄像机与硬盘录像机连接

（2）网络硬盘录像机 LAN 输出网口接入交换机的任意 1 个网络口，计算机 PC 网口接入交换机的任意 1 个网络口，网络硬盘录像机 VGA 输出口接 VGA 分配器进口，VGA 分配器出口接入 2 台监视器的 VGA 接口。

### 2. 电源连接

网络硬盘录像机、监视器、8 口交换机、VGA 分配器的电源为 AC220V，普通网络摄像机的电源由网络视频录像机提供。

## 三、设备参数调试

### 1. 根据客户要求调试参数

（1）通过软件激活的方式，激活红外阵列筒形摄像机，将它的 IP 地址改成192.168.1.128，HTTP 端口号修改成 5000，设置摄像机密码为 admin12345。

（2）将红外阵列筒形摄像机的 IP 通道设置为"即插即用"方式。

（3）设置屏幕显示（OSD），使 3 台摄像机显示画面的右上角显示地址，红外半球摄像机显示为"图书馆"，红外筒形摄像机显示为"行政楼"，红外阵列筒形摄像机显示为"实训楼"。

（4）通过设置，将红外阵列筒形摄像机监控区域分成左、右两个区域，区域左侧为设防区域，右侧为不设防区域，布防时间段为 08:00—13:00。

（5）通过设置，将红外筒形摄像机监控部分区域设置区域入侵侦测，当有人进入该区域，触发网络硬盘录像机录像，视频软件弹出红外筒形摄像机画面，摄像机发出"私人领域，禁止入内"的语音提示。

（6）通过设置，将红外半球摄像机监控区域分成上、下两个区域，区域上侧为遮挡区域，下侧为不遮挡区域。

（7）通过设置，将红外筒形摄像机选定左下角范围设置为遮挡报警，布防时段为全天候，处理方式是弹出报警画面，声音警告；触发报警输出为本地 1。

（8）通过设置，要求可通过 PC 机将报警录像下载到计算机 D 盘"工位号"文件夹下的"网络视频监控系统"子文件夹内。

### 2. 常见故障及解决方法

常见故障及解决方法见表 2-2-5。

表 2-2-5　常见故障及解决方法

| 序号 | 故障现象 | 故障原因分析 | 排除方法 |
|---|---|---|---|
| 1 | 开机指示灯不亮 | 电源线未接好 | 接好电源线 |
| 2 | 看不到视频图像 | 网络连接线没有接好 | 检查水晶头，用网络测试仪进行测试，将视频输入和视频输出线交换 |
| 3 | 监视器上图像未按照要求显示 | 硬盘录像机的输入、输出端口接线不正确 | 调整输入和输出端口接线 |
| 4 | 图像模糊不清，跳动 | 接线松动，或是焦距未调好 | 检查接线，调整焦距 |
| 5 | 动态检测未能报警 | 检测区域未设置，报警输出未勾选 | 在硬盘录像机中进行动态检测设置 |
| 6 | 遮挡检测未能报警 | 遮挡区域没有选择成功，或处理方式未应用 | 重新选择遮挡区域及处理方式并应用 |
| 7 | Web 页面打不开，录像文件无法保存 | 网络通信不畅通，IE 版本低，或是 IP 地址不匹配 | 检查硬盘录像机和计算机的 IP 设置，更换 IE 浏览器的版本 |

## 四、项目验收

在验收阶段，各小组派代表进行交叉验收，并填写验收记录表，见表 2-2-6。

表 2-2-6　普通网络摄像机安装与调试验收记录表

| 验收问题记录 | 整改措施 | 完成时间 | 备注 |
|---|---|---|---|
|  |  |  |  |
|  |  |  |  |
|  |  |  |  |
|  |  |  |  |

以小组为单位认真填写普通网络摄像机安装与调试验收报告（见表 2-2-7），并将学习活动中的设备安装调试项目填写完整。

表 2-2-7　普通网络摄像机安装与调试验收报告

| 工程项目名称 | 普通网络摄像机安装与调试 | | | |
|---|---|---|---|---|
| 施工单位 | | 联系人 | | |
| 地址 | | 电话 | | |
| 项目责任人 | | 施工周期 | | |
| 工程概况 | | | | |
| 现存问题 | | 完成时间 | | |
| 改进措施 | | | | |
| 验收结果 | 主观评价 | 客观测试 | 施工质量 | 材料移交 |
|  |  |  |  |  |

以小组为单位，展示本组普通网络摄像机安装与调试成果，根据表 2-2-8 所列的评分标准进行评分。

表 2-2-8　普通网络摄像机安装与调试评分表

| 评分内容 | | 配分 | 重点检查内容 | 评分标准 | 分值 | 得分 | 备注 |
|---|---|---|---|---|---|---|---|
| | 器件安装 | 15 | 监视器安装 | 器件选择正确、安装位置正确、器件安装后无松动 | 15 | | 少安装一个器件扣3分，不倒扣分 |
| | | | 液晶显示器安装 | | | | |
| | | | 红外阵列筒形摄像机安装 | | | | |
| | | | 红外筒形摄像机安装 | | | | |
| | | | 红外半球摄像机安装 | | | | |
| | | | 硬盘录像机安装 | | | | |
| | 接线与布线 | 15 | 监视器接线 | 视频图像清晰、稳定不跳动、图顺序正确 | 15 | | 任意一个器件未连线扣3分，不倒扣分 |
| | | | 液晶显示器接线 | | | | |
| | | | 红外阵列筒形摄像机接线 | | | | |
| | | | 红外筒形摄像机接线 | | | | |
| | | | 红外半球摄像机接线 | | | | |
| | | | 硬盘录像机接线 | | | | |
| 普通网络摄像机安装与调试 | 功能要求 | 60 | 红外阵列筒形摄像机接入 | 硬盘录像机输入端口POE3 | 2 | | |
| | | | 红外筒形摄像机接入 | 硬盘录像机输入端口POE2 | 2 | | |
| | | | 红外半球摄像机接入 | 网络硬盘录像机输入端口POE1 | 2 | | |
| | | | 硬盘录像机的VGA输出接线 | 监视器或VGA分配器 | 2 | | |
| | | | 激活红外阵列筒形摄像机 | IP 为 192.168.1.128，端口号为 5000，密码为 admin12345 | 6 | | |
| | | | 红外阵列筒形摄像机的IP通道设置 | "即插即用"方式 | 2 | | |
| | | | 设置屏幕显示（OSD） | 三台摄像机显示画面的右上角显示地址，红外半球摄像机显示为"图书馆"，红外筒形摄像机显示为"行政楼"，红外阵列摄像机显示为"实训楼" | 8 | | |
| | | | 红外阵列筒形摄像机监控区域设置 | 分成左、右两个区域，区域左侧为设防区域，右侧为不设防区域，布防时间段为08:00—13:00 | 8 | | |
| | | | 红外筒形摄像机监控部分区域设置区域入侵侦测 | 当有人进入该区域，触发NVR网络视频录像机录像，视频软件弹出红外筒形摄像机画面，摄像机发出"私人领域，禁止入内"的语音提示 | 8 | | |

（续）

| 评分内容 | | 配分 | 重点检查内容 | 评分标准 | 分值 | 得分 | 备注 |
|---|---|---|---|---|---|---|---|
| 普通网络摄像机安装与调试 | 功能要求 | 60 | 红外半球摄像机监控区域遮挡设置 | 分成上、下两个区域，区域上侧为遮挡区域，下侧为不遮挡区域 | 6 | | |
| | | | 红外筒形摄像机选定左下角范围设置为遮挡报警 | 布防时段为全天候，处理方式是弹出报警画面，声音警告；触发报警输出为本地 1 | 8 | | |
| | | | 录像存储设置 | 要求可通过 PC 机将报警录像下载到计算机 D 盘"工位号"文件夹下的"网络视频监控系统"子文件夹内 | 6 | | |
| | 工艺 | 10 | 工艺要求一 | 线缆选用正确 | 10 | | 不满足其中一项扣 2 分，不倒扣分 |
| | | | 工艺要求二 | 网线线序 TIA568A 标准使用正确 | | | |
| | | | 工艺要求三 | 线缆安装工艺符合要求 | | | |
| | | | 工艺要求四 | 端接工艺（可按照器件抽检，抽检率不低于 30%） | | | |
| | | | 工艺要求五 | 信号线续接处应用热缩管进行保护 | | | |

# 学习活动 4  总结与评价

## 一、工作总结

以小组为单位，选择演示文稿、展板、海报、录像等形式中的一种或几种向全班展示，汇报学习成果。

## 二、综合评价

请同学们积极回顾与总结，完成自我评价和小组互评，教师通过观察，根据大家在整个过程中的表现，完成教师评价；学生客观地观察自己的评价情况，明确努力方向，并填写表 2-2-9。

表 2-2-9  普通网络摄像机安装与调试评价表

| 评价项目 | 评价内容 | 评价标准 | 评价方式 | | |
|---|---|---|---|---|---|
| | | | 自我评价 | 小组评价 | 教师评价 |
| 职业素养 | 安全意识、责任意识 | A. 作风严谨、自觉遵章守纪、出色完成工作任务<br>B. 能够遵守规章制度，较好地完成工作任务<br>C. 遵守规章制度，没完成工作任务，或完成工作任务但忽视规章制度<br>D. 不遵守规章制度，没完成工作任务 | | | |

（续）

| 评价项目 | 评价内容 | 评价标准 | 评价方式 | | |
|---|---|---|---|---|---|
| | | | 自我评价 | 小组评价 | 教师评价 |
| 职业素养 | 学习态度、主动性 | A. 积极参与教学活动，全勤<br>B. 缺勤达本任务总学时的10%<br>C. 缺勤达本任务总学时的20%<br>D. 缺勤达本任务总学时的30% | | | |
| | 团队合作意识 | A. 与同学协作融洽，团队合作意识强<br>B. 与同学能沟通，协同工作能力较强<br>C. 与同学能沟通，协同工作能力一般<br>D. 与同学沟通困难，协同工作能力较差 | | | |
| 专业能力 | 学习活动1<br>明确工作任务 | A. 按时、完整地完成工作页，问题回答正确<br>B. 按时、完整地完成工作页，问题回答基本正确<br>C. 未能按时、完整地完成工作页，或内容遗漏、错误较多<br>D. 未完成工作页 | | | |
| | 学习活动2<br>施工前准备 | A. 学习活动评价成绩为 90 ～ 100 分<br>B. 学习活动评价成绩为 75 ～ 89 分<br>C. 学习活动评价成绩为 60 ～ 74 分<br>D. 学习活动评价成绩为 0 ～ 59 分 | | | |
| | 学习活动3<br>现场施工 | A. 学习活动评价成绩为 90 ～ 100 分<br>B. 学习活动评价成绩为 75 ～ 89 分<br>C. 学习活动评价成绩为 60 ～ 74 分<br>D. 学习活动评价成绩为 0 ～ 59 分 | | | |
| 创新能力 | | 学习过程中提出具有创新性、可行性的建议 | 加分奖励： | | |
| 班级 | | | 学号 | | |
| 姓名 | | | 综合评价等级 | | |
| 指导教师 | | | 日期 | | |

# 任务 2.3　高速球形摄像机安装与调试

### 工作情景描述

　　交警部门要对某路段的道路情况进行监控，要求施工部门在该路段安装视频监控系统，该路段为交通道路路口，人口密度大，要求监控可以 360° 连续高速旋转，全方位、无盲点、图像清晰。请按要求完成相关工作任务。

网络视频监控系统线路敷设

### 任务目标

**知识与技能目标：**

（1）掌握高速球形摄像机安装方法、激活方法及云台配置方法。

（2）掌握高速球形摄像机视频监控系统设备之间的连接关系。

（3）掌握高速球形摄像机图像采集和调试方法。

**过程与方法目标：**

（1）能通过阅读设备安装任务单和现场勘察，明确工作任务要求。

（2）能够根据任务要求和实际情况，合理制订工作计划。

（3）能够按照高速球形摄像机视频监控系统设备之间的连接关系，正确安装系统。

（4）能够根据任务书要求完成各项功能的调试。

（5）能够对任务实施做出合理的总结和评价。

**态度与价值观目标：**

提升设计职业能力，培养工匠精神、安全防护、环保与可持续发展理念。

**建议课时** 10课时。

# 学习活动1 明确工作任务

## 一、阅读施工任务单

阅读施工任务单，了解本次施工任务的工作内容，制订施工计划，完善施工相关信息，并填写表2-3-1。

表2-3-1 高速球形摄像机安装与调试施工任务单

工程项目名称：高速球形摄像机安装与调试

| 工种/班组长 | | 施工日期 | | |
|---|---|---|---|---|
| 序号 | 施工部位/任务纪要 | 作业人数 | 开始时间 | 结束时间 |
| 1 | 设备、耗材选取购买 | | | |
| 2 | 设备安装、接线 | | | |
| 3 | 设备参数调试 | | | |
| 4 | 现场清理 | | | |
| 近期作业人员进场计划及施工进场计划 | | 工程量计算方式 | | |
| | | | | |
| | | 完成质量 | | |
| | | 安全文明生产情况 | | |
| 备注：所有施工人员施工前，应了解施工图接线要求、任务要求、技术要求和施工要点。进入施工现场要佩戴安全帽，系好帽扣，高空作业时必须系好安全带。注意安全用电，注意现场卫生 | | 派工员 | | |
| | | 班组长接收人 | | |

## 二、认识设备元器件，勘察施工现场

（1）勘察高速球形摄像机安装施工现场的基本情况（包括安装位置、尺寸要求、线路连接等情况），做好记录。

（2）识读高速球形摄像机设备说明书，记录每个元件的参数。

# 学习活动 2　施工前准备

## 一、认识高速球形摄像机

### 1. 高速球形摄像机

高速球形摄像机外形如图 2-3-1 所示。

### 2. 安装方法

（1）把高速球形摄像机的电源线、网线穿过网络智能高速球形摄像机支架，并将支架固定到智能大楼外墙的网孔板上。

（2）将高速球形摄像机电源线、网线接到网络智能高速球形摄像机的对应接口内。

（3）将网络智能高速球形摄像机固定到支架上。

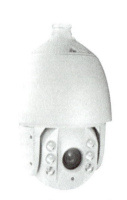

图 2-3-1　高速球形摄像机外形

### 3. 电源连接

高速球形摄像机的电源为 AC24V。

## 二、高速球形摄像机的激活

高速球形摄像机首次使用时需要进行激活并设置登录密码，才能正常登录和使用。激活方法同普通网络摄像机的激活方法一致，可以通过客户端软件或浏览器方式激活。

## 三、添加高速球形摄像机

（1）选择"主菜单→通道管理→通道配置"选项卡，进入"通道配置"界面。

（2）编辑 IP 通道。选择 ▧ 图标或双击通道，进入"编辑 IP 通道界面"。添加方式选择"即插即用"方式，需将 IP 通道连接到独立的 100M 以太网口上或带 POE 供电的独立的 100M 以太网口上。

（3）连接设备。设备自动修改独立以太网口 IP 设备的 IP 地址，并成功连接。

## 四、云台的设置及控制

（1）选择"主菜单→通道管理→云台配置"选项卡，进入"云台配置"界面，如图 2-3-2 所示。

（2）单击"云台参数配置"按钮，进入云台参数配置界面，如图 2-3-3 所示。

（3）在预览画面下，选择预览通道便捷菜单的"云台控制"命令，进入云台控制界面，如图 2-3-4 所示。

图 2-3-2　云台配置界面

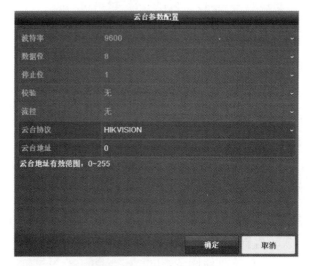

图 2-3-3　云台参数配置界面

图 2-3-4　云台控制界面

## 五、预置点的设置及调用

### 1. 进入云台配置界面

选择"主菜单→通道管理→云台配置"选项卡，进入"云台配置"界面。

### 2. 设置预置点

具体操作步骤如下：

（1）使用云台方向键将图像旋转到需要设置预置点的位置。

（2）在"预置点"框中，输入预置点号。预置点配置界面如图 2-3-5 所示。

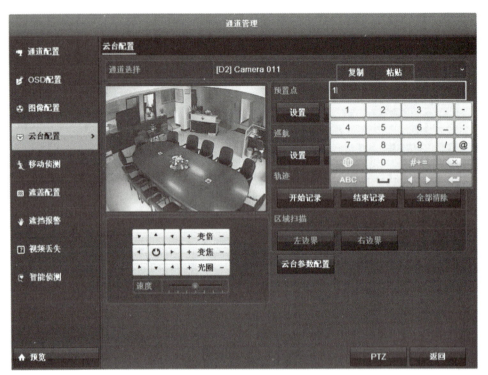

图 2-3-5 预置点配置界面

（3）单击"设置"按钮，完成预置点的设置。

（4）重复以上操作可设置更多预置点。

### 3.调用预置点

（1）进入云台控制模式。

方法一：在"云台配置"界面下，单击"PTZ"按钮。

方法二：在预览模式下，单击通道便捷菜单中的"云台控制"命令或按下前面板、遥控器、键盘的"云台控制"键。

（2）在"常规控制"界面，输入预置点号，单击"调用预置点"按钮，即完成预置点调用。云台预置点控制界面如图 2-3-6 所示。

图 2-3-6 云台预置点控制界面

## 六、巡航的设置及调用

### 1.进入云台配置界面

选择"主菜单→通道管理→云台配置"选项卡，进入"云台配置"界面。

### 2.设置巡航路径

具体操作步骤如下：

（1）选择巡航路径。

（2）单击"设置"按钮，添加关键点号。

（3）设置关键点参数，包括关键点序号、巡航时间、巡航速度等。

（4）单击"添加"按钮，保存关键点，如图 2-3-7 所示。

（5）重复以上步骤，可依次添加所需的巡航点。

（6）单击"确定"按钮，保存关键点信息并退出界面。

### 3. 调用巡航

（1）进入云台控制模式。

方法一：在"云台配置"界面下，单击"PTZ"按钮。

方法二：在预览模式下，单击通道便捷菜单中的"云台控制"命令或按下前面板、遥控器、键盘的"云台控制"键。

（2）在"常规控制"界面，选择巡航路径，单击"调用巡航"按钮，即完成巡航调用。云台巡航控制界面如图 2-3-8 所示。

图 2-3-7　关键点设置界面

图 2-3-8　云台巡航控制界面

（3）单击"停止巡航"按钮，结束巡航。

## 七、轨迹的设置及调用

### 1. 进入云台配置界面

选择"主菜单→通道管理→云台配置"选项卡，进入"云台配置"界面。

### 2. 设置轨迹

具体操作步骤如下：

（1）选择轨迹序号。

（2）单击"开始记录"按钮，操作鼠标（单击鼠标控制框内 8 个方向按键）使云台转动，此时云台的移动轨迹将被记录。云台轨迹设置界面如图 2-3-9 所示。

（3）单击"结束记录"按钮，保存已设置的轨迹。

（4）重复以上操作，设置更多的轨迹线路。

图 2-3-9  云台轨迹设置界面

### 3.调用轨迹

（1）进入云台控制模式。

方法一：在"云台配置"界面下，单击"PTZ"按钮。

方法二：在预览模式下，单击通道便捷菜单中的"云台控制"命令或按下前面板、遥控器、键盘的"云台控制"键。

（2）在"常规控制"界面，选择轨迹序号，单击"调用轨迹"按钮，即完成轨迹调用。云台轨迹控制界面如图 2-3-10 所示。

（3）单击"停止轨迹"，结束轨迹。

## 八、录像设置

### 1.手动录像设置

（1）按下设备前面板"录像"键或选择"主菜单→手动录像"选项卡，进入"手动录像"界面，如图 2-3-11 所示。

（2）设置手动录像的开启 / 关闭。

### 2.定时录像设置

（1）选择"主菜单→录像配置→计划配置"选项卡。进入"录像计划"界面，如图 2-3-12 所示。

（2）选择要设置定时录像的通道。

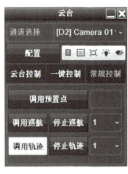

图 2-3-10  云台轨迹控制界面

图 2-3-11 手动录像界面

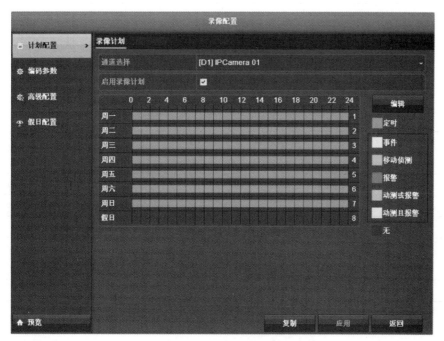

图 2-3-12 录像计划设置界面

## 3. 设置定时录像时间计划表

具体操作步骤如下：

（1）选择"启用录像计划"复选框。

（2）录像类型选择"定时"，完成定时录像设置。

### 4. 保存

单击"应用"按钮，保存设置。

## 九、制订工作计划

查阅相关资料，了解任务实施的基本步骤，根据任务要求，结合现场勘察的实际情况，制订小组工作计划，并填写表 2-3-2。

表 2-3-2　高速球形摄像机安装与调试工作计划表

**高速球形摄像机的安装与调试**

一、人员分工

1. 小组负责人：

2. 小组成员及分工：

| 姓名 | 主要职责 |
|---|---|
|  |  |
|  |  |
|  |  |
|  |  |

二、工具及材料清单

| 序号 | 工具或材料名称 | 单位 | 数量 | 备注 |
|---|---|---|---|---|
|  |  |  |  |  |
|  |  |  |  |  |
|  |  |  |  |  |
|  |  |  |  |  |
|  |  |  |  |  |
|  |  |  |  |  |
|  |  |  |  |  |

三、工序及工期安排

| 序号 | 工作内容 | 开始时间 | 结束时间 | 备注 |
|---|---|---|---|---|
|  |  |  |  |  |
|  |  |  |  |  |
|  |  |  |  |  |
|  |  |  |  |  |
|  |  |  |  |  |

四、安全防护措施

## 十、评价

以小组为单位，展示本组制订的工作计划；教师对学生制订的计划进行点评，在教师点评基础上对工作计划进行修改完善，并根据表 2-3-3 进行评分。

表 2-3-3    高速球形摄像机安装与调试工作计划评分表

| 评价内容 | 分值 | 评分 | | |
|---|---|---|---|---|
| | | 自我评价 | 小组评价 | 教师评价 |
| 计划制订是否有条理 | 10 | | | |
| 计划是否全面、完善 | 10 | | | |
| 人员分工是否合理 | 10 | | | |
| 任务要求是否明确 | 20 | | | |
| 工具清单是否正确、完善 | 20 | | | |
| 材料清单是否正确、完善 | 20 | | | |
| 团队合作 | 10 | | | |
| 合计 | | | | |

# 学习活动 3    现场施工

## 一、元器件安装

按照尺寸要求安装各个设备。

## 二、设备接线

摄像机、网络硬盘录像机和监视器间的连接如图 2-3-13 所示。

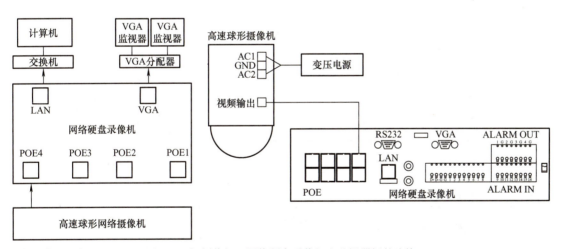

图 2-3-13    摄像机、网络硬盘录像机和监视器间的连接

（1）网线连接。将高速球形摄像机的网络接入网络硬盘录像机的 POE4 口。

（2）高速球形摄像机的电源为 AC24V。

（3）网络硬盘录像机 LAN 输出网口接入交换机的任意 1 个网络口，计算机 PC 网口接入交换机的任意 1 个网络口，网络硬盘录像机 VGA 输出口接 VGA 分配器进口，VGA 分配器出口接入 2 台监视器的 VGA 接口。

### 三、设备参数调试

#### 1. 根据客户要求调试参数

（1）通过软件激活的方式，激活高速球形摄像机，将它的 IP 地址改成 192.168.1.129，HTTP 端口号修改成 5000，设置摄像机密码为 admin12345。

（2）将高速球形摄像机的 IP 通道设置为"即插即用"方式。

（3）设置屏幕显示（OSD），使摄像机显示画面的右上角显示地址，显示为"教学楼"。

（4）设置区域入侵侦测，当有人进入该区域，触发网络硬盘录像机录像，视频软件弹出高速球形网络摄像机画面，摄像机发出"私人领域，禁止入内"的语音提示。

（5）设置预置点 1 的监控区域为计算机操作台保护区域，能够成功调用。

（6）设置预置点 2 的监控区域为房间模型实训区域，能够成功调用。

（7）设置巡航关键点 1 的预置点为"1"、巡航时间为"15"、巡航速度为"10"，添加关键点 2 的预置点为 2、巡航时间为"15"、巡航速度为"10"，调用巡航后能够在两个关键点间反复巡航。

（8）设置轨迹号为 1，轨迹为 360° 水平巡视一圈，能够成功调用轨迹。

（9）启动录像计划功能，设置每周一 0:00—24:00 定时录像。

（10）通过设置，要求可通过 PC 机将录像下载到计算机 D 盘"工位号"文件夹下的"高速球视频监控系统"子文件夹内。

#### 2. 常见故障及解决方法

常见故障及解决方法见表 2-3-4。

表 2-3-4　常见故障及解决方法

| 序号 | 故障现象 | 故障原因分析 | 排除方法 |
| --- | --- | --- | --- |
| 1 | 高速球形摄像机未启动 | 电源线未接好 | 供电电压是 AC24V |
| 2 | 看不到视频图像 | 网络连接线没有接好 | 检查水晶头，用网络测试仪进行测试，将视频输入和视频输出线交换 |
| 3 | 监视器上图像未按照要求显示 | 硬盘录像机的输入、输出端口接线不正确 | 调整输入和输出端口接线 |
| 4 | 图像模糊不清，跳动 | 接线松动，或是焦距未调好 | 检查接线，调整焦距 |
| 5 | 预置点调用不成功 | 预置点未设置成功或者已经在预置点位置 | 重新设置预置点或调整云台位置重新调用 |
| 6 | 巡航调用不成功 | 巡航速度太慢或者关键点设置不正确 | 调高巡航速度或重新添加关键点 |
| 7 | Web 页面打不开，录像文件保存不了 | 网络通信上，IE 版本低，或是 IP 地址不匹配 | 检查硬盘录像机和计算机的 IP 设置，更换 IE 浏览器的版本 |

### 四、项目验收

在验收阶段，各小组派代表进行交叉验收，并填写验收记录表，见表 2-3-5。

表 2-3-5　高速球形摄像机安装与调试验收记录表

| 验收问题记录 | 整改措施 | 完成时间 | 备注 |
|---|---|---|---|
|  |  |  |  |
|  |  |  |  |
|  |  |  |  |
|  |  |  |  |

以小组为单位认真填写高速球形摄像机安装调试验收报告（见表 2-3-6），并将学习活动中的设备安装调试项目填写完整。

表 2-3-6　高速球形摄像机安装与调试验收报告

| 工程项目名称 | 高速球形摄像机的安装与调试 | | | |
|---|---|---|---|---|
| 施工单位 |  | 联系人 | | |
| 地址 |  | 电话 | | |
| 项目责任人 |  | 施工周期 | | |
| 工程概况 |  | | | |
| 现存问题 |  | 完成时间 | | |
| 改进措施 |  | | | |
| 验收结果 | 主观评价 | 客观测试 | 施工质量 | 材料移交 |
|  |  |  |  |  |

以小组为单位，展示本组高速球形摄像机安装与调试成果，根据表 2-3-7 所列的评分标准进行评分。

表 2-3-7　高速球形摄像机安装与调试评分表

| 评分内容 | | 配分 | 重点检查内容 | 评分标准 | 分值 | 得分 | 备注 |
|---|---|---|---|---|---|---|---|
| 高速球形摄像机安装与调试 | 器件安装 | 15 | 监视器安装 | 器件选择正确、安装位置正确、器件安装后无松动 | 15 |  | 少安装一个器件扣3分 |
|  |  |  | 液晶显示器安装 |  |  |  |  |
|  |  |  | 高速球形摄像机安装 |  |  |  |  |
|  |  |  | 硬盘录像机安装 |  |  |  |  |
|  | 接线与布线 | 15 | 监视器接线 | 视频图像清晰、稳定不跳动、图顺序正确 | 15 |  | 任意一个器件未连线扣3分 |
|  |  |  | 液晶显示器接线 |  |  |  |  |
|  |  |  | 高速球形摄像机安装 |  |  |  |  |
|  |  |  | 硬盘录像机接线 |  |  |  |  |
|  | 功能要求 | 60 | 高速球形摄像机接入 | 网络硬盘录像机输入端口 POE4 | 2 |  |  |
|  |  |  | 硬盘录像机的 VGA 输出接线 | 监视器或 VGA 分配器 | 2 |  |  |
|  |  |  | 激活高速球形摄像机 | IP、端口号、密码分别为 192.168.1.129，5000，admin12345 | 5 |  |  |

（续）

| 评分内容 | | 配分 | 重点检查内容 | 评分标准 | 分值 | 得分 | 备注 |
|---|---|---|---|---|---|---|---|
| 高速球形摄像机安装与调试 | 功能要求 | 60 | 高速球形摄像机的IP通道设置 | "即插即用"方式 | 5 | | |
| | | | 设置屏幕（OSD） | 摄像机显示画面的右上角显示地址，显示为"教学楼" | 8 | | |
| | | | 高速球形摄像机监控部分区域设置区域入侵侦测 | 当有人进入该区域，触发网络硬盘录像机录像，视频软件弹出高速球形摄像机画面，摄像机发出"私人领域，禁止入内"的语音提示 | 6 | | |
| | | | 预置点1设置 | 设置计算机操作台保护区域为预置点1 | 6 | | |
| | | | 预置点2设置 | 设置房间模型实训区域为预置点2 | 6 | | |
| | | | 巡航设置 | 可以在预置点1和2之间巡航 | 8 | | |
| | | | 轨迹设置 | 调用轨迹能够360°水平巡视一圈 | 6 | | |
| | | | 录像存储设置 | 要求可通过PC将报警录像下载到计算机D盘"工位号"文件夹下的"高速球视频监控系统"子文件夹内 | 6 | | |
| | 工艺 | 10 | 工艺要求一 | 线缆选用正确 | 10 | | 不满足其中一项扣2分，不倒扣分 |
| | | | 工艺要求二 | 网线线序TIA568A标准使用正确 | | | |
| | | | 工艺要求三 | 线缆安装工艺符合要求 | | | |
| | | | 工艺要求四 | 端接工艺（可按照器件抽检，抽检率不低于30%） | | | |
| | | | 工艺要求五 | 信号线续接处应用热缩管进行保护 | | | |

## 学习活动4 总结与评价

### 一、工作总结

以小组为单位，选择演示文稿、展板、海报、录像等形式中的一种或几种向全班展示，汇报学习成果。

### 二、综合评价

请同学们积极回顾与总结，完成自我评价和小组互评，教师通过观察，根据大家在整个过程中的表现，完成教师评价；学生客观地观察自己的评价情况，明确努力方向，并填写表2-3-8。

表 2-3-8　高速球形摄像机安装与调试评价表

| 评价项目 | 评价内容 | 评价标准 | 评价方式 | | |
|---|---|---|---|---|---|
| | | | 自我评价 | 小组评价 | 教师评价 |
| 职业素养 | 安全意识、责任意识 | A. 作风严谨、自觉遵章守纪、出色完成工作任务<br>B. 能够遵守规章制度，较好地完成工作任务<br>C. 遵守规章制度，没完成工作任务，或完成工作任务但忽视规章制度<br>D. 不遵守规章制度，没完成工作任务 | | | |
| | 学习态度、主动性 | A. 积极参与教学活动，全勤<br>B. 缺勤达本任务总学时的 10%<br>C. 缺勤达本任务总学时的 20%<br>D. 缺勤达本任务总学时的 30% | | | |
| | 团队合作意识 | A. 与同学协作融洽，团队合作意识强<br>B. 与同学能沟通，协同工作能力较强<br>C. 与同学能沟通，协同工作能力一般<br>D. 与同学沟通困难，协同工作能力较差 | | | |
| 专业能力 | 学习活动1 明确工作任务 | A. 按时、完整地完成工作页，问题回答正确<br>B. 按时、完整地完成工作页，问题回答基本正确<br>C. 未能按时、完整地完成工作页，或内容遗漏、错误较多<br>D. 未完成工作页 | | | |
| | 学习活动2 施工前准备 | A. 学习活动评价成绩为 90～100 分<br>B. 学习活动评价成绩为 75～89 分<br>C. 学习活动评价成绩为 60～74 分<br>D. 学习活动评价成绩为 0～59 分 | | | |
| | 学习活动3 现场施工 | A. 学习活动评价成绩为 90～100 分<br>B. 学习活动评价成绩为 75～89 分<br>C. 学习活动评价成绩为 60～74 分<br>D. 学习活动评价成绩为 0～59 分 | | | |
| 创新能力 | | 学习过程中提出具有创新性、可行性的建议 | 加分奖励： | | |
| 班级 | | | 学号 | | |
| 姓名 | | | 综合评价等级 | | |
| 指导教师 | | | 日期 | | |

# 任务2.4　网络视频监控及周边防范系统安装与调试

## 工作情景描述

　　某小区要安装一套网络视频监控及周边防范系统，在小区入口处安装红外对射探测器，当有人进入探测范围时，声光报警器发出警报声，同时联动小区门口处的高速球形摄像机旋转到红外对射探测器所在位置进行实时监控，供管理人员进行查看。请按要求完成相关工作任务。

**任务目标**

知识与技能目标：
（1）掌握红外对射探测器结构、安装方法及接线端功能。
（2）掌握系统联动的设置方法，智能侦测的设置方法。

过程与方法目标：
（1）能通过阅读设备安装任务单和现场勘察，明确工作任务要求。
（2）能够根据任务要求和实际情况，合理制订工作计划。
（3）能根据工作计划和工作任务正确安装设备。
（4）能根据任务要求完成系统各项功能的调试。
（5）能够对任务实施做出合理的总结和评价。

态度与价值观目标：
提升设计职业能力，培养工匠精神、安全防护、环保与可持续发展理念。

**建议课时** 10 课时。

# 学习活动 1　明确工作任务

## 一、阅读施工任务单

阅读施工任务单，了解本次施工任务的工作内容，制订施工计划，完善施工相关信息，并填写表 2-4-1。

表 2-4-1　网络视频监控及周边防范系统安装与调试施工任务单

工程项目名称：网络视频监控及周边防范系统安装与调试

| 工种 / 班组长 | | 施工日期 | | |
|---|---|---|---|---|
| 序号 | 施工部位 / 任务纪要 | 作业人数 | 开始时间 | 结束时间 |
| 1 | 设备、耗材选取购买 | | | |
| 2 | 设备安装、接线 | | | |
| 3 | 设备参数调试 | | | |
| 4 | 现场清理 | | | |
| 近期作业人员进场计划及施工进场计划 | | | 工程量计算方式 | |
| | | | | |
| | | | 完成质量 | |
| | | | 安全文明生产情况 | |
| 备注：所有施工人员施工前，应了解施工图接线要求、任务要求、技术要求和施工要点。进入施工现场要佩戴安全帽，系好帽扣，高空作业时必须系好安全带。注意安全用电，注意现场卫生 | | | 派工员 | |
| | | | 班组长接收人 | |

## 二、认识设备元器件，勘察施工现场

（1）勘察网络视频监控及周边防范系统设备安装与调试施工现场的基本情况（包括

安装位置、尺寸要求、线路连接等情况），做好记录。

（2）识读设备说明书，记录每个元件的参数。

## 学习活动 2　施工前准备

### 一、认识红外对射探测器

#### 1. 工作原理

红外对射探测器又称主动红外对射入侵探测器，它由主动红外发射机和被动红外接收机组成，当发射器与接收器之间的红外光束被完全遮断或按给定百分比遮断时，能产生报警状态。红外对射探测器外形如图 2-4-1 所示。

#### 2. 接线

红外对射探测器的发射器与接收器接线端如图 2-4-2 所示。

a) 发射器　　b) 接收器

图 2-4-1　红外对射探测器外形

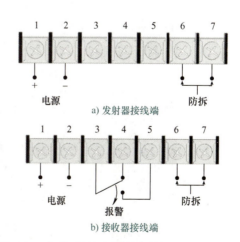

图 2-4-2　红外对射探测器的发射器与接收器接线端

#### 3. 工程安装示例

红外对射探测器安装示例如图 2-4-3 所示。

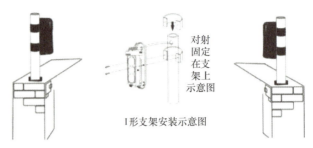

对射固定在支架上示意图

I形支架安装示意图

图 2-4-3　红外对射探测器安装示例

#### 4. 安装注意事项

（1）红外对射探测器的安装距离须考虑天气、阳光等影响，安装距离尽可能不超出其有效对射范围，同时须尽量避开高压、强磁、树枝等。

（2）设备安装时，注意设备安装方向、出线口方向等。

（3）在I形支架安装时，须确保牢固，避免探测器线缆出线口朝向外侧，预防被破坏。

（4）设备安装出线，须确保线缆套管隐蔽。

（5）设备安装完毕，尽可能采用防火泥对线缆出入口进行封闭处理，以增加设备防尘防火性能。

## 二、系统报警及联动设置

### 1. 报警输入设置

（1）选择"主菜单→系统配置→报警配置"选项卡，进入"报警配置"界面。

（2）选择"报警输入"属性页。进入报警配置的"报警输入"界面，如图 2-4-4 所示。

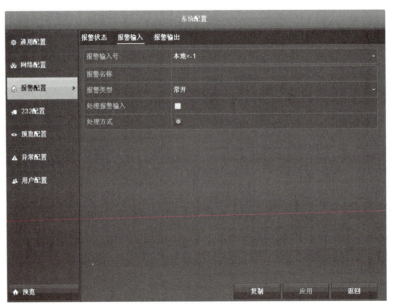

图 2-4-4　报警输入界面

（3）设置报警输入参数。

报警输入号：选择设置的通道号。

报警类型：选择实际所接器件类型（门磁开关、红外对射探测器属于常闭型）。

处理报警输入：选中。

处理方式：根据实际选择，在选择PTZ选项时可以进行高速球形摄像机联动。

### 2. 报警输出设置

（1）选择"主菜单→系统配置→报警配置"选项卡，进入"报警配置"界面。

（2）选择"报警输出"属性页。进入报警配置的"报警输出"界面，如图2-4-5所示。

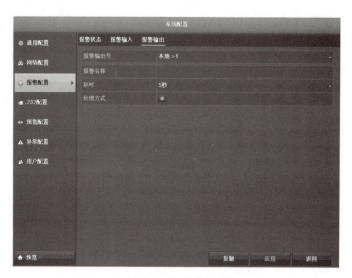

图2-4-5　报警输出界面

（3）选择待设置的报警输出号，设置报警名称和延时时间。

（4）单击"布防时间"右边的命令按钮。进入报警输出布防时间界面，配置处理方式如图2-4-6所示。

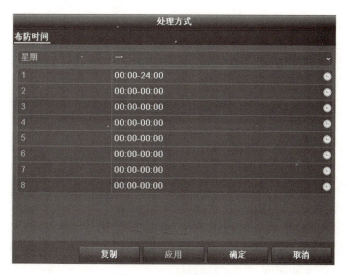

图2-4-6　配置处理方式

（5）对该报警输出进行布防时间段设置。

（6）重复以上步骤，设置整个星期的布防计划。

（7）单击"确定"按钮，完成报警输出的设置。

### 三、智能侦测

选择"主菜单→通道管理→智能侦测"选项卡，进入"智能侦测"配置界面，如图 2-4-7 所示。

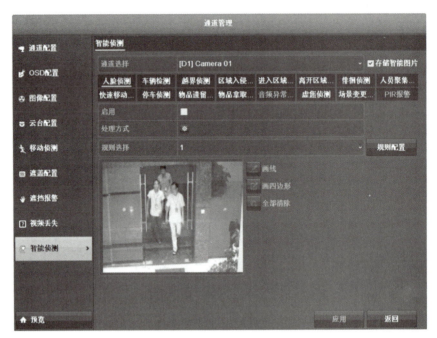

图 2-4-7　智能侦测配置界面

#### 1. 人脸侦测

人脸侦测功能可用于侦测出场景中出现的人脸，NVR 人脸侦测配置具体步骤如下。

（1）选择"主菜单→通道管理→智能侦测"选项卡。

（2）设置需要人脸侦测的通道。

（3）设置人脸侦测规则，具体步骤如下：

1）在规则下拉列表中，选择任一规则，人脸侦测只能设置 1 条规则。

2）单击"规则配置"按钮，进入人脸侦测"规则配置"界面，如图 2-4-8 所示。

3）设置规则的灵敏度。灵敏度有 1 ～ 5 档可选，数值越小，侧脸或者不够清晰的人脸越不容易被检测出来，用户需要根据实际环境测试调节。

4）单击"确定"按钮，完成对人脸侦测规则的设置。

（4）设置规则的处理方式。

1）单击"处理方式"栏，进入处理方式的"触发通道"界面，如图 2-4-9 所示。

2）选择"布防时间"属性页，进入处理方式的"布防时间"界面，如图 2-4-10 所示。设置人脸侦测的布防时间。

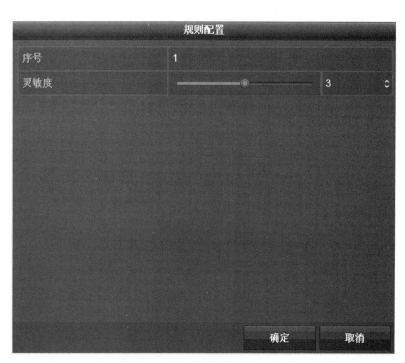

图 2-4-8　规则配置界面

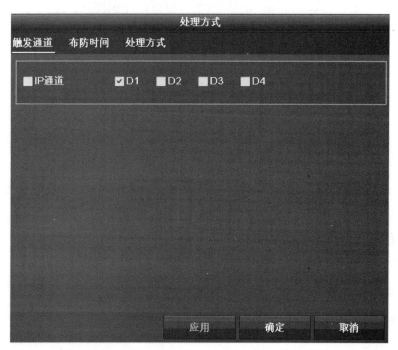

图 2-4-9　触发通道界面

图 2-4-10　布防时间界面

3）选择"处理方式"属性页，进入"处理方式"界面，如图 2-4-11 所示。设置报警联动方式。

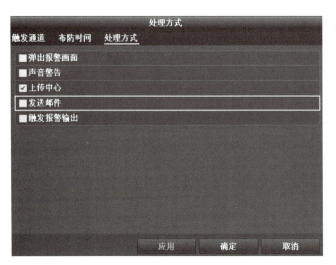

图 2-4-11　处理方式界面

（5）绘制规则区域。单击"绘制"按钮，在需要智能监控的区域，绘制规则区域。
（6）单击"应用"按钮，完成配置。
（7）勾选"启用"复选框，启用人脸侦测功能。

### 2. 越界侦测

越界侦测功能可侦测视频中是否有物体跨越设置的警戒面，根据判断结果联动报警。
具体操作步骤如下：
（1）选择"主菜单→通道管理→智能侦测"选项卡，进入"智能侦测"配置界面。
（2）选择"越界侦测"命令，进入智能侦测越界侦测配置界面。
（3）设置需要越界侦测的通道。

（4）设置越界侦测规则，具体步骤如下。

1）在规则下拉列表中，选择任一规则。

2）单击"规则配置"按钮。进入越界侦测"规则配置"界面。

3）设置规则的方向和灵敏度。

方向：是指物体穿越越界区域触发报警的方向。有"A ↔ B（双向）"、"A → B"、"B → A"三种可选，"A → B"表示物体从 A 越界到 B 时将触发报警，"B → A"表示物体从 B 越界到 A 时将触发报警，"A ↔ B"表示双向触发报警。

灵敏度：用于设置控制目标物体的大小，灵敏度高时，较小的物体越容易被判定为目标物体，灵敏度低时，较大物体才会被判定为目标物体。灵敏度可设置范围：1 ～ 100。

4）单击"确定"按钮，完成对越界侦测规则的设置。

（5）设置规则的处理方式。

（6）绘制规则区域。单击"绘制"按钮，在需要智能监控的区域，绘制规则区域。

（7）单击"应用"按钮，完成配置。

（8）勾选"启用"复选框，启用越界侦测功能。

### 3. 区域入侵侦测

区域入侵侦测功能可侦测视频中是否有物体进入到设置的区域，根据判断结果联动报警。具体操作步骤如下。

（1）选择"主菜单→通道管理→智能侦测"选项卡，进入"智能侦测"配置界面。

（2）选择"区域入侵侦测"命令，进入智能侦测区域入侵侦测配置界面。

（3）设置需要区域入侵侦测的通道。

（4）设置区域入侵侦测规则，具体步骤如下。

1）在规则下拉列表中，选择任一规则，区域入侵侦测可设置 4 条规则。

2）单击"规则配置"按钮，进入区域入侵侦测"规则配置"界面。

3）设置规则参数。

时间阈值（单位为 s）：表示目标进入警戒区域持续停留该时间后产生报警。例如，设置为 5s，即目标入侵区域 5s 后触发报警。可设置范围：1 ～ 10s。灵敏度可设置范围：1 ～ 100。

占比：表示目标在整个警戒区域中的比例，当目标占比超过所设置的占比值时，系统将产生报警；反之，将不产生报警。

4）单击"确定"按钮，完成对区域入侵规则的设置。

（5）设置规则的处理方式。

（6）绘制规则区域，单击"绘制"按钮，在需要智能监控的区域，绘制规则区域。

（7）单击"应用"按钮，完成配置。

（8）勾选"启用"复选框，启用区域入侵侦测功能。

### 4. 进入区域侦测

进入区域侦测功能可侦测是否有物体进入设置的警戒区域，根据判断结果联动报警。具体操作步骤如下。

（1）选择"主菜单→通道管理→智能侦测"选项卡，进入"智能侦测"配置界面。

（2）选择"进入区域侦测"命令，进入智能侦测进入区域侦测配置界面。

（3）设置需要进入区域侦测的通道。

（4）设置进入区域侦测规则，具体步骤如下。

1）在规则下拉列表中，选择任一规则，进入区域侦测可设置4条规则。

2）单击"规则配置"按钮。进入区域侦测"规则配置"界面。

3）设置规则的灵敏度。灵敏度可设置范围：1～100。

4）单击"确定"按钮，完成对进入区域规则的设置。

（5）设置规则的处理方式。

（6）绘制规则区域，单击"绘制"按钮，在需要智能监控的区域，绘制规则区域。

（7）单击"应用"按钮，完成配置。

（8）勾选"启用"复选框，启用进入区域侦测功能。

### 5. 离开区域侦测

离开区域侦测功能可侦测是否有物体离开设置的警戒区域，根据判断结果联动报警。具体操作步骤如下。

（1）选择"主菜单→通道管理→智能侦测"选项卡，进入"智能侦测"配置界面。

（2）选择"离开区域侦测"命令，进入智能侦测离开区域侦测配置界面。

（3）设置需要离开区域侦测的通道。

（4）设置离开区域侦测规则，具体步骤如下。

1）在规则下拉列表中，选择任一规则。离开区域侦测可设置4条规则。

2）单击"规则配置"按钮，进入离开区域侦测"规则配置"界面。

3）设置规则灵敏度。灵敏度可设置范围：1～100。

4）单击"确定"按钮，完成对离开区域侦测规则的设置。

（5）设置规则的处理方式。

（6）绘制规则区域。单击"绘制"按钮，在需要智能监控的区域，绘制规则区域。

（7）单击"应用"按钮，完成配置。

（8）勾选"启用"复选框，启用离开区域侦测功能。

### 6. 物品遗留侦测

物品遗留侦测功能用于检测所设置的特定区域内是否有物品遗留，当发现有物品遗留时，相关人员可快速对遗留的物品进行处理。具体操作步骤如下。

（1）选择"主菜单→通道管理→智能侦测"选项卡，进入"智能侦测"配置界面。

（2）选择"物品遗留侦测"命令，进入智能侦测物品遗留侦测配置界面。

（3）设置需要物品遗留侦测的通道。

（4）设置物品遗留侦测规则，具体步骤如下。

1）在规则下拉列表中，选择任一规则。

2）单击"规则配置"按钮，进入物品遗留侦测"规则配置"界面。

3）设置规则的时间阈值和灵敏度。时间阈值可设置范围：5～3600s。灵敏度可设置范围：0～100。

4）单击"确定"按钮，完成对物品遗留侦测规则的设置。

（5）设置规则的处理方式。

（6）绘制规则区域，单击"绘制"按钮，在需要智能监控的区域，绘制规则区域。

（7）单击"应用"按钮，完成配置。

（8）勾选"启用"复选框，启用物品遗留侦测功能。

### 7. 物品拿取侦测

物品拿取侦测功能用于检测所设置的特定区域内是否有物品被拿取，当发现有物品被拿取时，相关人员可快速对意外采取措施，降低损失。物品拿取侦测常用于博物馆等需要对物品进行监控的场景。具体操作步骤如下。

（1）选择"主菜单→通道管理→智能侦测"选项卡，进入"智能侦测"配置界面。

（2）选择"物品拿取侦测"命令，进入智能侦测物品拿取侦测配置界面。

（3）设置需要物品拿取侦测的通道。

（4）设置物品拿取侦测规则，具体步骤如下。

1）在规则下拉列表中，选择任一规则。

2）单击"规则配置"按钮。进入物品拿取侦测"规则配置"界面。

3）设置规则的时间阈值和灵敏度。时间阈值可设置范围：20 ~ 3600s。灵敏度可设置范围：0 ~ 100。

4）单击"确定"按钮，完成对物品拿取侦测规则的设置。

（5）设置规则的处理方式。

（6）绘制规则区域，单击"绘制"按钮，在需要智能监控的区域，绘制规则区域。

（7）单击"应用"按钮，完成配置。

（8）勾选"启用"复选框，启用物品拿取侦测功能。

## 四、制订工作计划

查阅相关资料，了解任务实施的基本步骤，根据任务要求，结合现场勘察的实际情况，制订小组工作计划，并填写表 2-4-2。

表 2-4-2 网络视频监控及周边防范系统安装与调试工作计划表

**网络视频监控及周边防范系统安装与调试**

一、人员分工

1. 小组负责人：

2. 小组成员及分工：

| 姓名 | 主要职责 |
| --- | --- |
|  |  |
|  |  |
|  |  |

二、工具及材料清单

| 序号 | 工具或材料名称 | 单位 | 数量 | 备注 |
| --- | --- | --- | --- | --- |
|  |  |  |  |  |
|  |  |  |  |  |
|  |  |  |  |  |
|  |  |  |  |  |
|  |  |  |  |  |
|  |  |  |  |  |

（续）

三、工序及工期安排

| 序号 | 工作内容 | 开始时间 | 结束时间 | 备注 |
|---|---|---|---|---|
|  |  |  |  |  |
|  |  |  |  |  |
|  |  |  |  |  |
|  |  |  |  |  |

四、安全防护措施

## 五、评价

以小组为单位，展示本组制订的工作计划；教师对学生制订的计划进行点评，在教师点评基础上对工作计划进行修改完善，并根据表 2-4-3 进行评分。

表 2-4-3　网络视频监控及周边防范系统安装与调试工作计划评分表

| 评价内容 | 分值 | 评分 | | |
|---|---|---|---|---|
|  |  | 自我评价 | 小组评价 | 教师评价 |
| 计划制订是否有条理 | 10 |  |  |  |
| 计划是否全面、完善 | 10 |  |  |  |
| 人员分工是否合理 | 10 |  |  |  |
| 任务要求是否明确 | 20 |  |  |  |
| 工具清单是否正确、完善 | 20 |  |  |  |
| 材料清单是否正确、完善 | 20 |  |  |  |
| 团队合作 | 10 |  |  |  |
| 合计 |  |  |  |  |

## 学习活动 3　现场施工

### 一、元器件安装

按照尺寸要求安装各个设备。

### 二、设备接线

根据图 2-4-12 完成设备接线。

（1）按照要求完成周边防范子系统线路的连接。

（2）完成红外对射探测器、网络硬盘录像机和声光报警器的连接。

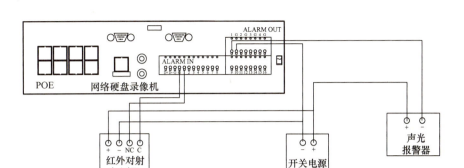

图 2-4-12　设备接线图

1）红外对射探测器 NC 端和 COM 端分别接到网络硬盘录像机 ALARM IN 的本地输入端口中的一个和 GND。

2）声光报警器与网络硬盘录像机 ALARM OUT 的四组输出端口中的一组串接在一起。

（3）周边防范系统安装线。

根据图 2-4-13 完成周边防范系统安装线。

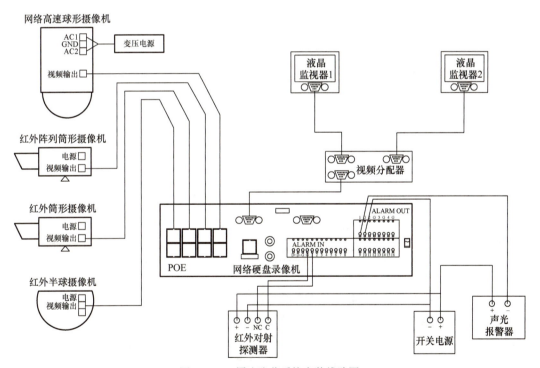

图 2-4-13　周边防范系统安装线路图

1）网线的连接：将各网络摄像机的网络接入网络硬盘录像机的 POE 端口。

2）高速球形网络摄像机的电源为 AC24V。

3）探测器接到网络硬盘录像机 ALARM IN 端口，声光报警器接到 ALARM OUT 端口，VGA 输出口接 VGA 分配器进口，VGA 分配器出口接入 2 台监视器的 VGA 接口。

### 三、设备参数调试

#### 1. 根据客户要求调试参数

（1）设置预置点的监控区域为计算机操作台保护区域，要求实现：触发主动红外对射探测器，高速球形摄像机应能从其他监控位置转向预置点，声光报警器发出声光警示信号，实现报警录像。

（2）设置巡航关键点1的监控区域为计算机操作台保护区域，关键点2的位置为网络硬盘录像机所在控制柜区域，巡视时间为"15"，巡视速度为"10"，要求实现：触发主动红外对射探测器，高速球形摄像机应能在关键点间反复巡视，声光报警器发出声光警示信号，并弹出监视画面。

（3）设置轨迹号为1，轨迹为360°水平巡视一圈，能够实现触发探测器后，实现高速球形摄像机能够按照轨迹1进行巡视。

（4）通过设置，将红外阵列摄像机监控区域分成左右两个区域，区域左侧为设防区域，右侧为不设防区域，布防时间段为08:00—13:00，当网络硬盘录像机接收到红外阵列摄像机的动态监测信号时，声光报警器发出声光警示信号。

（5）通过设置，将红外筒形网络摄像机监控部分区域设置区域入侵侦测，当有人进入该区域，触发网络硬盘录像机录像，视频软件弹出红外筒形网络摄像机画面，摄像机发出"私人领域，禁止入内"的语音提示。

（6）通过设置，将红外半球摄像机监控区域分成上下两个区域，上边设置成 A 区，下边设置成 B 区，设置区域越界侦测，侦测规则为 A ↔ B（双向），当有人或物体穿越越界区域触发报警。

（7）通过设置，要求可通过 PC 将录像下载到计算机 D 盘"工位号"文件夹下的"高速球形摄像机视频监控系统"子文件夹内。

#### 2. 常见故障及解决方法

常见故障及解决方法见表 2-4-4。

表 2-4-4　常见故障及解决方法

| 序号 | 故障现象 | 故障原因分析 | 排除方法 |
|---|---|---|---|
| 1 | 高速球形摄像机未启动 | 电源线未接好 | 供电电压是 AC24V |
| 2 | 预置点调用不成功 | 预置点未设置成功或者已经在预设点位置 | 重新设置预置点或调整云台位置重新调用 |
| 3 | 巡航调用不成功 | 巡航速度太慢或者关键点设置不正确 | 调高巡航速度或重新添加关键点 |
| 4 | 触发探测器未实现联动 | 探测器连接错误或报警配置中报警输出号选择错误 | 检查探测器接线<br>查看报警配置报警输入端口号是否与探测器接入端口对应 |
| 5 | 声光报警器不报警 | 声光报警器接线错误或报警配置中 PTZ 联动通道选择错误 | 检查声光报警器接线<br>查看报警配置报警输出端口号是否与探测器接入端口对应 |

（续）

| 序号 | 故障现象 | 故障原因分析 | 排除方法 |
|---|---|---|---|
| 6 | 有人进入入侵区域不报警 | 入侵侦测设置不成功 | 重新设置入侵规则及灵敏度 |
| 7 | 有人穿越越界区域不报警 | 越界侦测设置不成功 | 重新设置越界规则及灵敏度 |
| 8 | Web 页面打不开，录像文件保存不了 | 网络通信不上，IE 版本低，或是 IP 地址不匹配。 | 检查硬盘录像机和计算机的 IP 设置，更换 IE 浏览器的版本 |

## 四、项目验收

在验收阶段，各小组派代表进行交叉验收，并填写验收记录表，见表 2-4-5。

表 2-4-5　网络视频监控及周边防范系统安装与调试验收记录表

| 验收问题记录 | 整改措施 | 完成时间 | 备注 |
|---|---|---|---|
|  |  |  |  |
|  |  |  |  |
|  |  |  |  |
|  |  |  |  |
|  |  |  |  |

以小组为单位认真填写网络视频监控及周边防范系统安装与调试验收报告（见表 2-4-6），并将学习活动中的设备安装调试项目记录填写完整。

表 2-4-6　网络视频监控及周边防范系统安装与调试验收报告

| 工程项目名称 | 网络视频监控及周边防范系统安装与调试 | | | |
|---|---|---|---|---|
| 施工单位 |  | 联系人 | | |
| 地址 |  | 电话 | | |
| 项目责任人 |  | 施工周期 | | |
| 工程概况 |  | | | |
| 现存问题 |  | 完成时间 | | |
| 改进措施 |  | | | |
| 验收结果 | 主观评价 | 客观测试 | 施工质量 | 材料移交 |
|  |  |  |  |  |

以小组为单位，展示本组网络视频监控及周边防范系统安装与调试成果，根据表 2-4-7 所列的评分标准进行评分。

表 2-4-7　网络视频监控及周边防范系统安装与调试评分表

| 评分内容 | 配分 | 重点检查内容 | 评分标准 | 分值 | 得分 | 备注 |
|---|---|---|---|---|---|---|
| 网络视频监控及周边防范系统安装与调试 | | | | | | |
| | 器件安装 20 | 监视器安装 | 器件选择正确、安装位置正确、器件安装后无松动 | 3 | | |
| | | 液晶显示器安装 | | 3 | | |
| | | 高速球形摄像机安装 | | 3 | | |
| | | 硬盘录像机安装 | | 3 | | |
| | | 红外对射探测器安装 | | 4 | | |
| | | 声光报警器的安装 | | 4 | | |
| | 接线与布线 20 | 监视器接线 | 视频图像清晰、稳定不跳动、探测器触发后有信号输出 | 3 | | |
| | | 液晶显示器接线 | | 3 | | |
| | | 高速球形摄像机安装 | | 3 | | |
| | | 硬盘录像机接线 | | 3 | | |
| | | 红外对射探测器的接线 | | 4 | | |
| | | 声光报警器的接线 | | 4 | | |
| | 功能要求 50 | 高速球形摄像机接入 | 网络硬盘录像机输入端口 POE4 | 4 | | |
| | | 硬盘录像机的 VGA 输出接 | 监视器或 VGA 分配器 | 4 | | |
| | | 巡航设置 | 可以在预置点 1 和 2 之间巡航 | 4 | | |
| | | 轨迹设置 | 调用轨迹能够 360° 水平巡视一圈 | 4 | | |
| | | 触发探测器实现联动 | 高速球转到预置点，声光报警器报警 | 10 | | |
| | | 入侵侦测 | 有人进入入侵侦测区域报警 | 10 | | |
| | | 越界侦测 | 有人穿越越界区域报警 | 10 | | |
| | | 录像存储设置 | 要求可通过 PC 将报警录像下载到计算机 D 盘"工位号"文件夹下的"高速球形摄像机视频监控系统"子文件夹内 | 4 | | |
| | 工艺 10 | 工艺要求一 | 线缆选用正确 | 10 | | 不满足其中一项扣 2 分，不倒扣分 |
| | | 工艺要求二 | 网线线序 TIA568A 标准使用正确 | | | |
| | | 工艺要求三 | 线缆安装工艺符合要求 | | | |
| | | 工艺要求四 | 端接工艺（可按照器件抽检，抽检率不低于 30%） | | | |
| | | 工艺要求五 | 信号线续接处应用热缩管进行保护 | | | |

## 学习活动4  总结与评价

### 一、工作总结

以小组为单位，选择演示文稿、展板、海报、录像等形式中的一种或几种向全班展示，汇报学习成果。

### 二、综合评价

请同学们积极回顾与总结，完成自我评价和小组互评，教师通过观察，根据大家在整个过程中的表现，完成教师评价；学生客观地观察自己的评价情况，明确努力方向，并填写表2-4-8。

表2-4-8  网络视频监控及周边防范系统安装与调试评价表

| 评价项目 | 评价内容 | 评价标准 | 评价方式 | | |
| --- | --- | --- | --- | --- | --- |
| | | | 自我评价 | 小组评价 | 教师评价 |
| 职业素养 | 安全意识、责任意识 | A.作风严谨、自觉遵章守纪、出色完成工作任务<br>B.能够遵守规章制度，较好地完成工作任务<br>C.遵守规章制度，没完成工作任务，或完成工作任务但忽视规章制度<br>D.不遵守规章制度，没完成工作任务 | | | |
| | 学习态度、主动性 | A.积极参与教学活动，全勤<br>B.缺勤达本任务总学时的10%<br>C.缺勤达本任务总学时的20%<br>D.缺勤达本任务总学时的30% | | | |
| | 团队合作意识 | A.与同学协作融洽，团队合作意识强<br>B.与同学能沟通，协同工作能力较强<br>C.与同学能沟通，协同工作能力一般<br>D.与同学沟通困难，协同工作能力较差 | | | |
| 专业能力 | 学习活动1明确工作任务 | A.按时、完整地完成工作页，问题回答正确<br>B.按时、完整地完成工作页，问题回答基本正确<br>C.未能按时、完整地完成工作页，或内容遗漏、错误较多<br>D.未完成工作页 | | | |
| | 学习活动2施工前准备 | A.学习活动评价成绩为90～100分<br>B.学习活动评价成绩为75～89分<br>C.学习活动评价成绩为60～74分<br>D.学习活动评价成绩为0～59分 | | | |
| | 学习活动3现场施工 | A.学习活动评价成绩为90～100分<br>B.学习活动评价成绩为75～89分<br>C.学习活动评价成绩为60～74分<br>D.学习活动评价成绩为0～59分 | | | |
| 创新能力 | | 学习过程中提出具有创新性、可行性的建议 | 加分奖励： | | |
| 班级 | | | 学号 | | |
| 姓名 | | | 综合评价等级 | | |
| 指导教师 | | | 日期 | | |

**>> 知识拓展**

## 实验室安全用电常识

### 1. 怎样预防常见用电事故

（1）用电线路绝缘必须良好，插座、开关等带电部分绝对不能外露，以防触电。

（2）不要乱拉乱接电线，以防触电或发生火灾。

（3）不要用潮湿抹布擦拭带电的电器设备，以防触电。

（4）如遇电器设备发生火灾，要先切断电源，切忌直接用水扑灭，以防触电。

（5）发现有人触电，应先设法断开电源，然后进行急救。

（6）发现电器设备冒烟或闻到异味时，要迅速切断电源进行检查。

（7）勿用潮湿的工具或金属物质拨开电线，勿用手触及带电者。

### 2. 如何应急处置触电事故

（1）要使触电者迅速脱离电源，应立即拉下电源开关或拔掉电源插头，若无法及时找到或断开电源时，可用干燥的竹竿、木棒等绝缘物挑开电线。

（2）将脱离电源的触电者迅速移至通风干燥处仰卧，将其上衣和裤带放松，观察触电者有无呼吸，摸一摸颈动脉有无脉动。

（3）若触电者呼吸及心跳均停止时，应做人工呼吸和胸外按压，即实施心肺复苏法抢救，还要及时打电话呼叫救护车。

（4）尽快送往医院，途中应继续施救。

（5）无法切断电源时，应用不导电的灭火剂灭火，不要用水及泡沫灭火剂。

（6）迅速拨打报警电话。

# 项目 ③

# 防盗报警系统

>> 项目目标

### 1. 知识目标

（1）掌握防盗报警系统的基本知识。

（2）掌握防盗报警系统的各类报警主机、报警探测器的工作原理、施工安装标准。

（3）掌握各类冷压端子接线步骤及工艺标准。

### 2. 能力目标

（1）具备防盗报警系统工程图识图能力。

（2）具备各类探测器安装及调试能力。

（3）具备各类冷压端子制作能力。

（4）具备报警主机的调试编程、故障排除能力。

### 3. 素养目标

（1）培养安全、环保及职业卫生意识。

（2）培养沟通协调、团队协作、解决问题及总结、表达能力。

（3）弘扬工匠精神，激励学生走技能成才之路。

>> 职业技能要求

本项目学习对应"综合安防系统建设与运维（中级）"职业技能：根据业务需求，完成防盗报警系统的现场勘察、硬件产品安装、各类冷压端子的制作、线缆连接部署、报警主机的编程调试及故障排除等工作任务。

>> 工作流程与活动

根据学习任务要求和工作过程的逻辑分析任务流程，将本次课的学习内容分解为：明确工作任务、施工前准备、现场施工、总结与评价四个部分。

必备能力

分析任务书　　报警系统的组成及原理　　报警器的安装　　作品展示评价
收集素材　　　报警器的使用方法　　探测器的安装　　阐述汇报
　　　　　　入侵探测器的使用方法　　系统的接线　　调整优化

明确工作任务　　　施工前准备　　　现场施工　　　总结与评价

防盗报警系统
的安装与调试

自主学习　　设计系统装调方案　　独立完成　　语言表达能力
归纳知识　　自我探究　　　　诚信价值　　专业分析能力
　　　　　　　　　　　　　　　　文明交流能力

专业素养

### 工作情景描述

 防盗报警系统
介绍

某楼盘的商品房即将交付业主，交付标准是每户要安装防盗报警系统，要求能够实现，业主在家时可关闭探测器，离家时开启探测器，保证各探测设备协同工作；当门口有人、玻璃破碎、燃气泄漏、室内着火时都能及时提醒，让业主居家安心，外出放心。请根据客户要求了解防盗报警系统的工作原理及组成，选择符合要求的探测器，为施工做准备。

### 任务目标

**知识与技能目标：**

（1）掌握防盗报警系统的工作原理。

（2）掌握防盗报警系统的基本组成。

（3）了解入侵探测器的分类。

（4）掌握常见入侵探测器的作用及安装要点。

**过程与方法目标：**

（1）能通过阅读设备安装任务单和现场勘察，明确工作任务要求。

（2）能够根据任务要求和实际情况，合理制订工作计划。

（3）能够根据计划和安装施工图完成各探测器的安装。

（4）能够对任务实施做出合理的总结和评价。

**态度与价值观目标：**

提升理论原理理解能力，培养工匠精神、环保与可持续发展理念。

**建议课时**　2课时。

# 学习活动 1　明确工作任务

## 一、阅读施工任务单

阅读施工任务单，了解本次施工任务的工作内容，制订施工计划，完善施工相关信息，填写表 3-1-1。

表 3-1-1　防盗报警系统安装施工任务单

工程项目名称：防盗报警系统安装

| 工种 / 班组长 | | | 施工日期 | | |
|---|---|---|---|---|---|
| 序号 | 施工部位 / 任务纪要 | | 作业人数 | 开始时间 | 结束时间 |
| 1 | 设备、耗材选取购买 | | | | |
| 2 | 设备安装、接线 | | | | |
| 3 | 设备参数调试 | | | | |
| 4 | 现场清理 | | | | |
| 近期作业人员进场计划及施工进场计划 | | | 工程量计算方式 | | |
| | | | | | |
| | | | 完成质量 | | |
| | | | 安全文明生产情况 | | |
| 备注：所有施工人员施工前，应了解施工图接线要求、任务要求、技术要求和施工要点。进入施工现场要佩戴安全帽，系好帽扣，高空作业时必须系好安全带。注意安全用电，注意现场卫生 | | | 派工员 | | |
| | | | 班组长接收人 | | |

## 二、认识设备元器件，勘察施工现场

（1）勘察防盗报警系统安装施工现场的基本情况（包括安装位置、尺寸要求、线路连接等情况），做好记录。

（2）识读设备器件说明书，记录每个设备器件的参数。

# 学习活动 2　施工前准备

## 一、防盗报警系统工作原理

防盗报警系统一般是指用物理方法或电子技术，自动探测发生在布防监测区域内的侵入行为，产生报警信号，并辅助提示值班人员发生报警的区域部位，显示可以采取对策的系统。

防盗报警系统负责对建筑内外的各个点、线、面和区域巡查报警任务，一般由探测器区域控制器和报警控制中心组成。探测器负责探测非法入侵人员，有异常时发出声光报警信号，同时向区域控制器发送信息；区域控制器负责对下层探测设备、报警设备进行管理，同时还可向控制中心传送控制区域报警信息。

### 二、防盗报警系统基本组成

防盗报警系统可以很简单，也可很复杂。简单的防盗报警系统可以由一个或几个探测器加上一个报警控制器组成。复杂防盗报警系统可由若干个基本系统或简单系统通过计算机通信网络构成区域性报警系统，区域性报警系统进一步可互联成城市综合监控系统。不论简单与复杂，防盗报警系统通常由探测器、执行器、传输部分、报警控制器几个基本部分组成。防盗报警系统组成如图 3-1-1 所示。

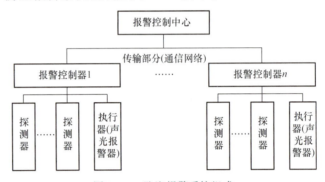

图 3-1-1　防盗报警系统组成

### 三、入侵探测器

#### 1. 入侵探测器

入侵探测器是由传感器和信号处理器组成的用来探测入侵者入侵行为的电子和机械部件组成的装置。入侵探测器需要防范入侵的地方可以是某些特定部位，如门、窗、柜台、展览厅的展柜，或是条线，如边防线、警戒线、边界线；有时要求防范的范围是个面，如仓库、重要建筑物的周界围网（铁丝网或围墙）；有时要求防范的范围是个空间，如档案室、资料室、武器室、珍贵物品的展厅等，它不允许入侵者进入其空间的任何地方。因此，入侵报警系统在设计时就应根据被防范场所的不同地理特征、外部环境及警戒要求选用合适的探测器，以达到安全防范的目的。

#### 2. 入侵探测器功能要求

（1）应有防拆、防破坏等保护功能。当入侵者企图拆开外壳或使信号传输线断路、短路或接其他负载时，探测器应能发出报警信号。

（2）应有较强的抗干扰能力。在探测范围内，任何小动物或长在150mm以内、直径在30mm以内、具有与小动物类似的红外辐射特性的圆柱状物体都不应使探测器产生报警；探测器对于与射束轴线成15°或更大一点的任何外界光源的辐射干扰信号应不产生误报；探测器应能承受常温气流和电铃的干扰，还应能承受电火花的干扰。

#### 3. 入侵探测器的分类概述

入侵探测器的种类繁多，分类方式也有多种。通常按传感器种类、工作方式、警戒范围等来分类。

（1）按传感器种类分类。

入侵探测器按所用的传感器种类分为开关型入侵探测器、振动型入侵探测器、超声波入侵探测器、次声波入侵探测器、主动与被动红外入侵探测器、微波入侵探测器、激光入侵探测器、视频运动入侵探测器和多种技术复合入侵探测器。

（2）按工作方式来分类。

入侵探测器按工作方式可分为主动和被动探测报警器。被动探测报警器在工作时不需向探测现场发出信号，即可对被测物体自身存在的能量进行检测。平时接收传感器的信号稳定，当出现异常情况时，稳定信号被破坏，经处理发出报警信号。

主动探测报警器在工作时，探测器要向探测现场发出某种形式的能量，经反向或直射在传感器上形成一个稳定信号，当出现异常情况时，稳定信号被破坏，经信号处理后，输出报警信号。

（3）按警戒范围分类。

入侵探测器按防范警戒区域可分为点型入侵探测器、直线型入侵探测器、面型入侵探测器和空间型入侵探测器。

点型入侵探测器警戒的仅是某一点，如门窗、柜台、保险柜，当这一监控点出现危险情况时，即发出报警信号。点型入侵探测器通常由微动开关方式或磁控开关方式进行报警控制。

直线型入侵探测器警戒的是一条线，当这条警戒线上出现危险情况时，发出报警信号。例如，光电报警器或激光报警器的光源或激光器发出光或激光，被接收器接收，当光或激光被遮断时，报警器即发出报警信号。

面型入侵探测器警戒范围为一个面，当警戒面上出现危害时，即发出报警信号。如振动报警器装在一面墙上，当墙面上任何一点受到振动时即发出报警信号。

空间型入侵探测器警戒的范围是一个立体空间，当空间内任意处出现入侵危害时，即发出报警信号。如在微波多普勒报警器所警戒的空间内，入侵者从门窗、天花板或地板的任何一处进入都会产生报警信号。

（4）按报警信号传输方式分类。

入侵探测器按报警信号传输方式可分为有线型和无线型。探测器在检测到非法入侵者后，以导线或无线电两种方式将报警信号传输给报警控制主机。有线型入侵探测器与无线型入侵探测器的选取由报警系统或应用环境决定。所有无线探测器无任何外接连线，内置电池均可正常连续工作 2 ～ 4 年。

（5）按使用环境分类。

入侵探测器按使用环境分类可分为室内型和室外型。室外型产品主要防范露天空间或平面周界，室内型产品主要防范室内空间区域或平面周界。

（6）按探测模式分类。

入侵探测器按探测模式分为空间型和幕帘型。空间型入侵探测器防范整个立体空间，幕帘型入侵探测器防范一个如同幕帘的平面周界。幕帘型入侵探测器分为单幕帘、双幕帘和四幕帘三种。单幕帘探测器只是在透镜片上与空间型探测器有所区别，单幕帘探测器所防范的幕帘周界不能识别入侵方向且较容易误报，在以往安装单幕帘或空间型探测器的情况下，居住者的活动范围是受到限制的，因为他们不得不避开受保护的区域，以避免触发报警。双幕帘探测器使用了方向识别技术，可准确辨别出被保护区域内人体的运动方向，从而区分出是居住者还是入侵者。因此，居住者在布防情况下可以在防范区域内自由活动，不会触发警报；入侵者一旦从门窗、阳台进入，双幕帘探测器会立即报警。四幕帘探测器有比双幕帘探测器更精确的识别功能与更强的抗误报能力。

## 四、制订工作计划

查阅相关资料，了解任务实施的基本步骤，根据任务要求，结合现场勘察的实际情况，制订工作计划，并填写表 3-1-2。

表 3-1-2  防盗报警系统安装工作计划表

**防盗报警系统安装**

一、人员分工

1. 小组负责人：

2. 小组成员及分工：

| 姓名 | 主要职责 |
|---|---|
|  |  |
|  |  |
|  |  |

二、工具及材料清单

| 序号 | 工具或材料名称 | 单位 | 数量 | 备注 |
|---|---|---|---|---|
|  |  |  |  |  |
|  |  |  |  |  |
|  |  |  |  |  |
|  |  |  |  |  |
|  |  |  |  |  |

三、工序及工期安排

| 序号 | 工作内容 | 开始时间 | 结束时间 | 备注 |
|---|---|---|---|---|
|  |  |  |  |  |
|  |  |  |  |  |
|  |  |  |  |  |
|  |  |  |  |  |

四、安全防护措施

## 五、评价

以小组为单位，展示本组制订的工作计划，然后在教师点评基础上对工作计划进行修改完善，并根据表 3-1-3 中的评分标准进行评分。

表 3-1-3 防盗报警系统安装工作计划评分表

| 评价内容 | 分值 | 评分 | | |
|---|---|---|---|---|
| | | 自我评价 | 小组评价 | 教师评价 |
| 计划制订是否有条理 | 10 | | | |
| 计划是否全面、完善 | 10 | | | |
| 人员分工是否合理 | 10 | | | |
| 任务要求是否明确 | 20 | | | |
| 工具清单是否正确、完善 | 20 | | | |
| 材料清单是否正确、完善 | 20 | | | |
| 团队合作 | 10 | | | |
| 合计 | | | | |

# 学习活动 3  现场施工

## 一、幕帘探测器

### 1. 工作原理

幕帘探测器是被动红外探测器的一种，可以形成不同的探测区域形状，特别适用于防范整面墙的窗户、大阳台、过道等。实训室所用的幕帘探测器的外形、内部及接线端子说明如图 3-1-2 所示。

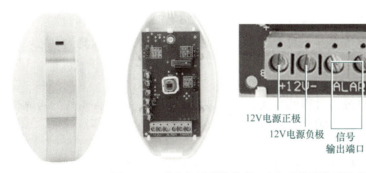

12V电源正极
12V电源负极
信号输出端口
防拆开关端口

图 3-1-2  幕帘探测器的外形、内部及接线端子说明

### 2. 安装注意事项

（1）幕帘探测器一般安装在室内，应使其覆盖整个需探测的区域。

（2）须安装在室内气流、温度变化不大的位置或空间，避免面对窗户、冷暖气机、火炉等温度会产生快速变化的地方。

（3）探测器水平固定安装在墙上，定向窗指向外侧，安装高度为 1.8～2.3m，探测器与窗之间的距离为 1m 以上，以感应窗为一幅近 15m，上下角度 110°的红外幕帘，幕窗厚度平均为 1m。

（4）安装时应尽量远离大功率的家电、远离外界光热源，如太阳光、较强的照明灯光等。

（5）红外探测器刚开启时，对周围环境有约 5min 的感知时间，故应待红外探测器开启 5min 后，再用控制器进行设防。

（6）当人体被红外探测器探测到时，需几秒的分析确认时间，方能发射报警信号，以免误报、漏报。

## 二、玻璃破碎探测器

### 1. 工作原理

玻璃破碎探测器适用于一切需要警戒玻璃防碎的场所，通过感应到窗户玻璃、门玻璃的破碎声音而发出报警信号，防止不法分子破坏玻璃入侵室内。实训室所用的玻璃破碎探测器的外形、内部及接线端子说明如图 3-1-3 所示。

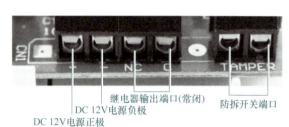

图 3-1-3　玻璃破碎探测器的外形、内部及接线端子说明

### 2. 安装注意事项

（1）安装在天花板或墙壁，接近或面对玻璃窗。

（2）安装时应将声电传感器正对着警戒的主要方向，目的降低探测的灵敏度。

（3）安装时要尽量靠近所要保护的玻璃，尽可能地远离噪声干扰源，以减少误报警。

（4）不要装在通风口或换气扇的前面，也不要靠近门铃，以确保工作的可靠性。

（5）探测器安装完毕后，须调整灵敏度旋转按钮，以满足实际环境需求。

注意：

不同种类的玻璃破碎探测器，需根据其工作原理的不同进行安装。

## 三、振动探测器

### 1. 工作原理

振动探测器是以侦测物体振动来报警的探测器，适用于柜员机、墙壁、玻璃、保险柜等，它用于监测任何敲击和破坏性行为，振动探测器必须安装在被保护物体上，需用螺钉拧紧安装于易感受振动的平面上，当一次剧烈振动达到报警阈值时，探测器输出报警信息，当未能达到报警阈值的振动连续发生多次时也输出报警信息。实训室所用振动探测器的外形及内部接线端子说明如图 3-1-4 所示。

### 2. 主要应用场所

重要库房，如金库、弹药库；无人值守的银行柜员机；顶棚、玻璃门窗等。

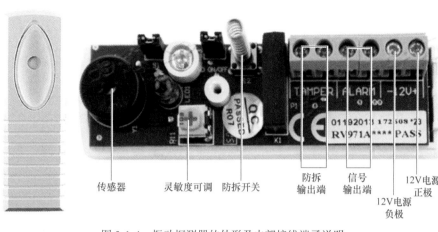

传感器　　灵敏度可调　防拆开关　　防拆　　信号　　12V电源
　　　　　　　　　　　　　　　　　输出端　输出端　　正极
　　　　　　　　　　　　　　　　　　　　　12V电源
　　　　　　　　　　　　　　　　　　　　　负极

图 3-1-4　振动探测器的外形及内部接线端子说明

### 3. 安装方式

安装在保护物体表面。嵌入式安装，如预制在墙体内部，对墙体进行保护。

### 4. 安装注意事项

（1）安装在被保护物体易感受振动的平面上。

（2）用螺丝或双面胶固定在被保护物体的表面。

（3）不要安装在空调、出钞口、打印机、硬盘录像机、电动机、风扇附近，会产生长时间的噪声及振动干扰，从而产生误报警。

（4）探测器安装完毕后，须调整灵敏度旋转按钮，以满足实际环境需求。

## 四、感温探测器

### 1. 工作原理

火灾时物质的燃烧产生大量的热量，使周围温度发生变化。感温探测器是对警戒范围中某一点或某一线路周围温度变化时响应的火灾探测器。它将温度的变化转换为电信号以达到报警目的。

### 2. 分类

根据监测温度参数的不同，一般用于工业和民用建筑中的感温式火灾探测器有定温式、差温式、差定温式等 3 种。

（1）定温式探测器：在规定时间内，火灾引起的温度上升超过某个定值时启动报警的火灾探测器。

（2）差温式探测器：在规定时间内，火灾引起的温度上升速率超过某个规定值时启动报警的火灾探测器。

（3）差定温式探测器：差定温式探测器结合了定温式探测器和差温式探测器两种作用原理，并将两种探测器的结构组合在一起。差定温式探测器一般多是膜盒式或热敏半导体电阻式等点型组合式探测器。

实训室所用感温探测器为定温式，它的外形及接线端子说明如图 3-1-5 所示。

图 3-1-5　定温式感温探测器的外形及接线端子说明

### 3. 安装方法

（1）按住外壳逆时针旋转底座，打开探测器。
（2）将底座安装在需要安装的位置，用螺钉固定。
（3）将探测器合在底座上，即完成安装。

## 五、感烟探测器

　　感烟探测器用于探测火灾前期发生的烟雾，实现火灾探测。常见的感烟探测器大致分为离子型和光电型两种。

　　在安装感烟探测器时，须将它的指示灯及试验按键朝向运维人员方便观看的位置。本任务所用感烟探测器的外形、内部结构及接线端子说明如下：接线线缆中，黑色为12V电源负极，红色为电源正极，白色为公共端，橙色为常闭，黄色为常开。感烟探测器的外形及接线端子如图 3-1-6 所示。

图 3-1-6　感烟探测器的外形及接线端子

## 六、被动红外探测器

　　被动红外探测器又称为热感式红外探测器。它的特点是不需要附加红外辐射光源，本身不向外界发射任何能量，而是由于探测器直接探测来自移动目标的红外辐射，被动红外探测器才有被动式支撑，它的外形及接线端子如图 3-1-7 所示。

### 1. 工作原理

　　任何物体，包括生物和矿物体，因表面温度不同，都会发出强弱不同的红外线。不同物体辐射的红外线波长也不同，人体辐射的红外线波长在 10μm 左右，而被动式红外探测器件的探测波的范围在 8 ～ 14μm，因此能较好地探测到跨入禁区段的活动的人体，从而发出警戒报警信号。

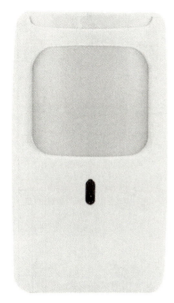

图 3-1-7 被动红外探测器的外形及接线端子

### 2. 分类

被动式红外探测器按结构、警戒范围及探测距离的不同，可分为单波束型和多波束型两种。单波束型红外探测器采用反射聚焦式光学系统，警戒视角较窄，一般小于 5°，作用距离较远（可达百米）；多波束型红外探测器采用透镜聚集式光学系统，用于大视角警戒，可达 90°，但作用距离只有几米到十几米。

#### 3. 安装注意事项

实际工程中，被动红外探测器建议安装高度为 2.2 ～ 3m，安装位置须满足以下需求：

（1）探测器一般用于对重要出入口入侵警戒及区域防护。安装在门口附近，并且方向要面向门口以保证其灵敏度。

（2）墙面安装时，墙体表面应平坦。

（3）安装于墙角的交汇处时，须通过专用开孔器，对探测器侧边进行开孔处理，勿使用烙铁进行烙孔。

（4）顶棚安装时，可配合相关顶棚安装支架安装，确保探测器设备垂直及牢固。

（5）只适用于室内安装，安装时远离空调、热源、飘动物体、大遮挡物，避免正对强光。

### 七、器件安装

按照探测器安装施工图（见图 3-1-8）安装设备。

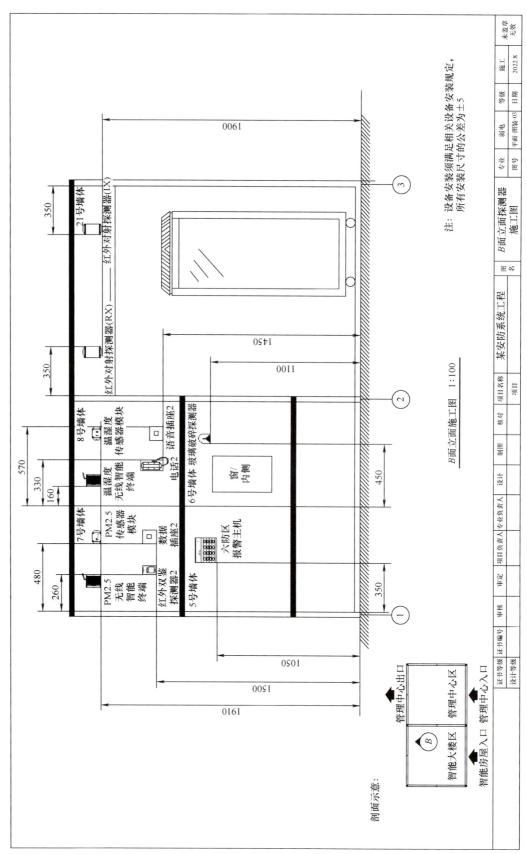

图 3-1-8 探测器安装施工图

## 八、项目验收

在验收阶段，各小组派代表进行交叉验收，并填写验收记录表，见表 3-1-4。

表 3-1-4　防盗报警系统安装验收记录表

| 验收问题记录 | 整改措施 | 完成时间 | 备注 |
|---|---|---|---|
|  |  |  |  |
|  |  |  |  |
|  |  |  |  |
|  |  |  |  |

以小组为单位认真填写防盗报警系统安装验收报告，并将学习活动中的设备安装调试项目记录在表 3-1-5 中填写完整。

表 3-1-5　防盗报警系统安装验收报告

| 工程项目名称 | 防盗报警系统安装 | | | |
|---|---|---|---|---|
| 施工单位 |  | 联系人 |  |  |
| 地址 |  | 电话 |  |  |
| 项目责任人 |  | 施工周期 |  |  |
| 工程概况 |  |  |  |  |
| 现存问题 |  | 完成时间 |  |  |
| 改进措施 |  |  |  |  |
| 验收结果 | 主观评价 | 客观测试 | 施工质量 | 材料移交 |
|  |  |  |  |  |

以小组为单位，展示本组防盗报警系统安装成果，根据表 3-1-6 所列的评分标准进行评分。

表 3-1-6　防盗报警系统安装效果评分表

| 评分内容 | 配分 | | 重点检查内容 | 评分标准 | 分值 | 得分 | 备注 |
|---|---|---|---|---|---|---|---|
| 探测器的安装 | 器件安装 | 40 | 幕帘探测器的安装 | 器件选择正确、安装位置正确 | 40 |  | 每个设备安装 5 分 |
|  |  |  | 玻璃破碎探测器的安装 |  |  |  |  |
|  |  |  | 振动探测器的安装 |  |  |  |  |
|  |  |  | 红外对射探测器的安装 |  |  |  |  |
|  |  |  | 感温探测器的安装 |  |  |  |  |
|  |  |  | 感烟探测器的安装 |  |  |  |  |
|  |  |  | 被动红外探测器的安装 |  |  |  |  |
|  |  |  | 可燃气体探测器的安装 |  |  |  |  |

（续）

| 评分内容 | | 配分 | 重点检查内容 | 评分标准 | 分值 | 得分 | 备注 |
|---|---|---|---|---|---|---|---|
| 探测器的安装 | 功能要求 | 40 | 幕帘探测器的测试<br>玻璃破碎探测器的测试<br>振动探测器的测试<br>红外对射探测器的测试<br>感温探测器的测试<br>感烟探测器的测试<br>被动红外探测器的测试<br>可燃气体探测器的测试 | 接通电源后，探测器进入工作状态，通过人体步行测试、加温测试、烟雾及可燃气体测试，验证各探测器功能 | 40 | | 每个探测器功能实现5分 |
| | 工艺 | 20 | 工艺要求一<br>工艺要求二<br>工艺要求三<br>工艺要求四 | 安装位置正确<br>安装牢固无松动<br>安装端正<br>探测范围内无遮挡 | 20 | | |

# 学习活动 4 总结与评价

## 一、工作总结

以小组为单位，选择演示文稿、展板、海报、录像等形式中的一种或几种，向全班展示，汇报学习成果。

## 二、综合评价

请同学们积极回顾与总结，完成自我评价和小组互评，教师通过观察，根据大家在整个过程中的表现，完成教师评价；学生客观地观察自己的评价情况，明确努力方向，并填写表 3-1-7。

表 3-1-7　防盗报警系统安装评价表

| 评价项目 | 评价内容 | 评价标准 | 评价方式 | | |
|---|---|---|---|---|---|
| | | | 自我评价 | 小组评价 | 教师评价 |
| 职业素养 | 安全意识、责任意识 | A.作风严谨、自觉遵章守纪、出色完成工作任务<br>B.能够遵守规章制度，较好地完成工作任务<br>C.遵守规章制度，没完成工作任务，或完成工作任务但忽视规章制度<br>D.不遵守规章制度，没完成工作任务 | | | |
| | 学习态度、主动性 | A.积极参与教学活动，全勤<br>B.缺勤达本任务总学时的10%<br>C.缺勤达本任务总学时的20%<br>D.缺勤达本任务总学时的30% | | | |
| | 团队合作意识 | A.与同学协作融洽，团队合作意识强<br>B.与同学能沟通，协同工作能力较强<br>C.与同学能沟通，协同工作能力一般<br>D.与同学沟通困难，协同工作能力较差 | | | |

（续）

| 评价项目 | 评价内容 | 评价标准 | 评价方式 | | |
|---|---|---|---|---|---|
| | | | 自我评价 | 小组评价 | 教师评价 |
| 专业能力 | 学习活动 1 明确工作任务 | A. 按时、完整地完成工作页，问题回答正确<br>B. 按时、完整地完成工作页，问题回答基本正确<br>C. 未能按时、完整地完成工作页，或内容遗漏、错误较多<br>D. 未完成工作页 | | | |
| | 学习活动 2 施工前准备 | A. 学习活动评价成绩为 90 ～ 100 分<br>B. 学习活动评价成绩为 75 ～ 89 分<br>C. 学习活动评价成绩为 60 ～ 74 分<br>D. 学习活动评价成绩为 0 ～ 59 分 | | | |
| | 学习活动 3 现场施工 | A. 学习活动评价成绩为 90 ～ 100 分<br>B. 学习活动评价成绩为 75 ～ 89 分<br>C. 学习活动评价成绩为 60 ～ 74 分<br>D. 学习活动评价成绩为 0 ～ 59 分 | | | |
| 创新能力 | | 学习过程中提出具有创新性、可行性的建议 | 加分奖励： | | |
| 班级 | | | 学号 | | |
| 姓名 | | | 综合评价等级 | | |
| 指导教师 | | | 日期 | | |

# 任务 3.2　六防区报警主机 DS6MX 防盗报警系统安装与调试

## 工作情景描述

　　某楼盘的商品房即将交付业主，交付标准是每户安装防盗报警系统，要求能够实现业主在家时可关闭探测器，离家时开启探测器，保证各探测设备协同工作，当门口有人、玻璃破碎、燃气泄漏、室内着火时都能及时提醒，让业主居家安心，外出放心。请根据客户要求选择合适的报警主机，并与准备好的探测器进行连接，实现用户要求的功能，调试成功后交付客户。

防盗报警系统安装

## 任务目标

### 知识与技能目标：
（1）掌握六防区防盗报警主机 DS6MX 的外形、控制面板示意图及报警原理。
（2）理解六防区防盗报警主机 DS6MX 的接线端说明。
（3）掌握六防区防盗报警主机 DS6MX 的编程方法。
（4）理解不同防区的含义。
（5）理解六防区报警系统的组成及连接关系。

过程与方法目标：
（1）能够根据计划和安装施工图正确安装设备。
（2）能够按照系统连线图完成设备连接。
（3）能够按照系统调试要求完成 DS6MX 各项功能的调试。
（4）能根据任务要求和实际情况，合理制订工作计划。
（5）能够对任务实施做出合理的总结和评价。
态度与价值观目标：
提升安全防范意识，培养工匠精神、环保与可持续发展理念。

**建议课时** 10 课时。

## 学习活动 1    明确工作任务

### 一、阅读施工任务单

阅读施工任务单，了解本次施工任务的工作内容，制订施工计划，完善施工相关信息，并填写表 3-2-1。

表 3-2-1    DS6MX 防盗报警系统安装与调试施工任务单

工程名称：DS6MX 防盗报警系统安装与调试

| 工种 / 班组长 | | 施工日期 | | |
|---|---|---|---|---|
| 序号 | 施工部位 / 任务纪要 | 作业人数 | 开始时间 | 结束时间 |
| 1 | 设备、耗材选取购买 | | | |
| 2 | 设备安装、接线 | | | |
| 3 | 设备参数调试 | | | |
| 4 | 现场清理 | | | |
| 近期作业人员进场计划及施工进场计划 | | | 工程量计算方式 | |
| | | | | |
| | | 完成质量 | | |
| | | 安全文明生产情况 | | |
| 备注：所有施工人员施工前，应了解施工图接线要求、任务要求、技术要求和施工要点。进入施工现场要佩戴安全帽，系好帽扣，高空作业时必须系好安全带。注意安全用电，注意现场卫生 | | 派工员 | | |
| | | 班组长接收人 | | |

### 二、认识设备元器件，勘察施工现场

（1）勘察六防区报警主机 DS6MX 防盗报警系统设备安装与调试施工现场的基本情况（包括安装位置、尺寸要求、线路连接等情况），做好记录。

（2）识读六防区报警主机 DS6MX 的说明书，记录 DS6MX 的接线端口、接线要点及编程要点。

## 学习活动 2 施工前准备

### 一、六防区报警主机（DS6MX）

DS6MX 为六防区报警主机，既可单独使用，也可以连接到 DS7400X1–CH1 报警主机的总线线路，以用于小区或大厦保安系统中的独立用户。DS6MX 的外形如图 3-2-1 所示。DS6MX 有 6 个报警输入防区，1 个报警继电器输出，2 个固态输出和 1 个钥匙开关。DS6MX 的控制面板如图 3-2-2 所示。

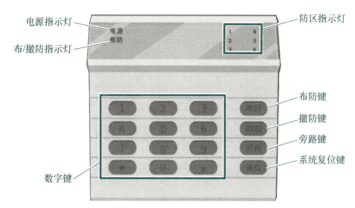

图 3-2-1 DS6MX 的外形

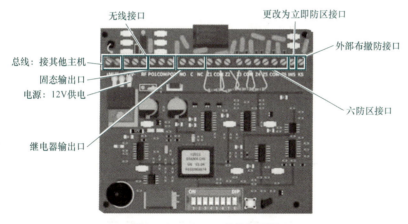

图 3-2-2 DS6MX 的控制面板

报警主机的工作原理是用物理方法或电子技术自动探测发生在布防监控区域内的侵入行为，产生报警信号，并提示值班人员发生报警的区域部位，显示可能采取对策的系统，报警主机是预防抢劫、盗窃等意外事件的重要设施。

### 二、DS6MX 接线端口示意图及说明

DS6MX 接线端口示意图如图 3-2-3 所示，说明如下：

（1）MUX 的 +、– 端接总线驱动器 DS7430 模块 BUS 的 +、– 端。

（2）12V 的 +、– 端接 12V 直流电源的 +、– 端，为该模块提供电源。

（3）RF 为连接无线接收机（DATA 端）的数据线。

（4）PO1、PO2 两个固态电压输出，能够被用来连接每个最大为 250mA 的设备，工作电压不能超过 15VDC。

（5）NO、C、NC 为 C 型继电器输出。

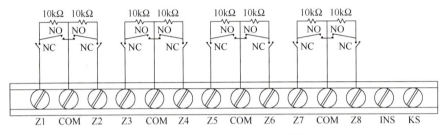

图 3-2-3　DS6MX 接线端口示意图

（6）Z1～Z6 为该模块的防区接线，每个防区必须接一个 10kΩ 的电阻，当探测器为常开（NO）时，需并入一个 10kΩ 的电阻，当探测器为常闭（NC）时，需串入一个 10kΩ 的电阻。DS6MX 防区接线示意图如图 3-2-4 所示。

图 3-2-4　DS6MX 防区接线示意图

（7）通过闭合 KS 与 COM 端，模块可用于钥匙开关、门禁读卡器等进行外部布防。

（8）通过短接 INS 与 COM 端，可将进入 / 退出延时防区改为立即防区。

## 三、DS6MX 报警主机的功能

### 1. 编程功能

通电后，编程功能实现表列举了进入编程模式的步骤及操作，见表 3-2-2。

表 3-2-2　编程功能实现表

| 步骤 | 操作 | 提示 |
| --- | --- | --- |
| 1 | 输入主码 &&&&（出厂为 1234） | 只有主码才具有编程模式，其他三个用户码不能用于编程 |
| 2 | 输入 * 键 3s，即可进入编程模式 | 主机蜂鸣器鸣音 1s，6 个防区指示将快闪，表示已经进入编程模式 |
| 3 | 进入编程地址：& 或 &&+* | 地址 0～9 输入 1 位数，地址 10～45 输入 2 位数 |
| 4 | 编程值：从 & 到 &&&&&&&&& | 参考地址编程参数，编程值可为 1～9 位数不等。若设置正确，主机将鸣音 2s 进行确认；设置错误，可按 # 键清除，返回步骤 3 |
| 5 | 重复步骤 3 和 4，编程其他地址 | |
| 6 | 按住 * 键 3s 退出编程模式 | 主机蜂鸣器鸣音 1s，6 个防区指示将熄灭，表示已经退出编程模式 |

注：主码的出厂设置为 1234，如果忘记主码，则可按照以下步骤恢复主码出厂设置：

1. 关闭 DS6MX–CHI 的电源。

2. 接通跳线 J1（打开模块的前盖，J1 在跳线左侧靠近拨码开关的位置，下同）。

3. 打开 DS6MX–CHI 的电源。

4. 跳开跳线 J1。

说明：对于不同的地址，应对应设置表中不同的值，若输入错误的值（数值长度不正确），可以按 # 键取消，然后重新输入。返回步骤 3 进行重新输入即可，但是若所输入的值不正确，数字长度正确，则必须重新输入编程地址及相应的值。若想编程其他地址，则可重复步骤 3 和 4。

恢复出厂值：操作如下：进入编程模式后，输入地址 99，编入数据 18 即可。

编程过程中用到的主要参数、说明、预置值及编程值列于主要参数编程表中，见表 3-2-3。

表 3-2-3　主要参数编程表

| 地址 | 说明 | 预置值 | 编程值选项范围 |
|---|---|---|---|
| 0 | 主码 | 1234 | 0001～9999（0000= 不允许） |
| 1 | 用户码 1 | 1000 | 0001～9999（0000= 禁止使用该用户） |
| 2 | 用户码 2 | 0 | 0001～9999（0000= 禁止使用该用户） |
| 3 | 用户码 3 | 0 | 0001～9999（0000= 禁止使用该用户） |
| 4 | 报警输出时间 | 180 | 000～999（0～999s） |
| 5 | 退出延时时间 | 90 | 000～999（0～999s） |
| 6 | 进入延时时间 | 90 | 000～999（0～999s） |
| 7 | 防区 1 类型 | 2 | 1= 即时；2= 延时；3=24h；4= 跟随；5= 静音防区；6= 周界防区；7= 周界延时防区 |
| 8 | 防区 1 旁路 | 2 | 1= 允许旁路；2= 不允许旁路 |
| 9 | 防区 1 弹性旁路 | 2 | 1= 允许弹性旁路；2= 不允许弹性旁路 |
| 10 | 防区 2 类型 | 4 | 1= 即时；2= 延时；3=24h；4= 跟随；5= 静音防区；6= 周界防区；7= 周界延时防区 |
| 11 | 防区 2 旁路 | 2 | 1= 允许旁路；2= 不允许旁路 |
| 12 | 防区 2 弹性旁路 | 2 | 1= 允许弹性旁路；2= 不允许弹性旁路 |
| 13 | 防区 3 类型 | 1 | 1= 即时；2= 延时；3=24h；4= 跟随；5= 静音防区；6= 周界防区；7= 周界延时防区 |
| 14 | 防区 3 旁路 | 2 | 1= 允许旁路；2= 不允许旁路 |
| 15 | 防区 3 弹性旁路 | 2 | 1= 允许弹性旁路；2= 不允许弹性旁路 |
| 16 | 防区 4 类型 | 1 | 1= 即时；2= 延时；3=24h；4= 跟随；5= 静音防区；6= 周界防区；7= 周界延时防区 |
| 17 | 防区 4 旁路 | 2 | 1= 允许旁路；2= 不允许旁路 |
| 18 | 防区 4 弹性旁路 | 2 | 1= 允许弹性旁路；2= 不允许弹性旁路 |
| 19 | 防区 5 类型 | 1 | 1= 即时；2= 延时；3=24h；4= 跟随；5= 静音防区；6= 周界防区；7= 周界延时防区 |
| 20 | 防区 5 旁路 | 2 | 1= 允许旁路；2= 不允许旁路 |
| 21 | 防区 5 弹性旁路 | 2 | 1= 允许弹性旁路；2= 不允许弹性旁路 |
| 22 | 防区 6 类型 | 3 | 1= 即时；2= 延时；3=24h；4= 跟随；5= 静音防区；6= 周界防区；7= 周界延时防区 |
| 23 | 防区 6 旁路 | 2 | 1= 允许旁路；2= 不允许旁路 |
| 24 | 防区 6 弹性旁路 | 2 | 1= 允许弹性旁路；2= 不允许弹性旁路 |
| 25 | 键盘蜂鸣器 | 1 | 0= 关闭；1= 打开 |
| 26 | 固态输出口 1 | 1 | 1= 跟随布 / 撤防状态；2= 跟随报警输出 |
| 27 | 固态输出口 2 | 1 | 1= 跟随火警复位；2= 跟随报警输出；3= 跟随开门密码 |

（续）

| 地址 | 说明 | 预置值 | 编程值选项范围 |
|---|---|---|---|
| 28 | 快速布防 | 2 | 1= 允许快速布防；2= 不允许快速布防 |
| 29 | 外部布 / 撤防 | 1 | 1= 只能布防；2= 可布 / 撤防 |
| 30 | 紧急键功能 | 0 | 0= 不使用；1= 使用 |
| 31 | 继电器输出 | 0 | 0= 跟随报警输出；1= 跟随开门密码 |
| 32 | 劫持码 | 0 | 0000 ～ 9999（0000= 禁止使用） |
| 33 | 开门密码 | 0 | 0000 ～ 9999（0000= 禁止使用） |
| 34 | 开门时间 | 0 | 000 ～ 999（0 ～ 999s）；000= 禁止使用 |
| 35 | 无线遥控 | 0 | 0= 不用；1= 使用无线遥控（最多 6 个） |
| 36 | 监察无线故障 | 1 | 1=12h 监察故障报告；2=24h 监察故障报告 |
| 61 | 单防区布 / 撤防 | 0 | 0= 不使用单防区布 / 撤防和报告，占 2 个总线地址码；1= 使用单防区布 / 撤防和报告，占 4 个总线地址码 |
| 99 | 恢复到出厂值 | 18 | 当输入这个数值，DS6MX–CHI 的所有设置参数（主码除外）会恢复到出厂值。此功能是仅仅为了安装和维护 |

### 2.布防操作

主码（出厂为 1234）+ 布防键。

### 3.撤防操作

主码（出厂为 1234）+ 撤防键。

## 四、防区类型说明

（1）即时防区：布防后，触发了即时防区，会立即报警。

（2）静音防区：布防后，触发了防区的报警为静音报警，键盘和报警输出无声 / 无输出，只通过数据总线将报警信号传到中心。

（3）周界防区：当周界布防后，触发了周界防区，都会立即报警。

（4）周界延时防区：当周界布防后，所设定的延时防区在进入 / 退出延时时间结束之后触发才报警。

（5）延时防区：布防后，所设定的延时防区在进入 / 退出延时时间结束之后触发才报警。

（6）跟随防区：布防后，此防区被触发，如果没有延时防区被触发，则立即报警；若有延时防区被触发，必须等到延时防区报警后方可报警。

（7）24h 防区：一直处于激活状态，不论撤布防与否，只要一触发就立即报警。

（8）要求退出（REX）：只有在撤防状态下，一触发该输入，所设置的开锁输出就将跟随开门定时器设置。

（9）旁路防区：若某防区允许旁路，则在布防时，输入［用户密码］+［旁路］+［防区编号］+［ON］将旁路该防区。撤防时所旁路的防区将被清除（24h 防区不可旁路）。

（10）弹性旁路防区：若某防区设置成弹性旁路防区。在布防期间，若某一防区第一次被触发报警，以后该防区再被触发则无效，直到被撤防。

## 五、制订工作计划

查阅相关资料，了解任务实施的基本步骤，根据任务要求，结合现场勘察的实际情况，制订小组工作计划，并填写表 3-2-4。

表 3-2-4  DS6MX 防盗报警系统安装与调试工作计划表

**DS6MX 防盗报警系统安装与调试**

一、人员分工

1. 小组负责人：

2. 小组成员及分工：

| 姓名 | 主要职责 |
| --- | --- |
|  |  |
|  |  |
|  |  |

二、工具及材料清单

| 序号 | 工具或材料名称 | 单位 | 数量 | 备注 |
| --- | --- | --- | --- | --- |
|  |  |  |  |  |
|  |  |  |  |  |
|  |  |  |  |  |
|  |  |  |  |  |
|  |  |  |  |  |

三、工序及工期安排

| 序号 | 工作内容 | 开始时间 | 结束时间 | 备注 |
| --- | --- | --- | --- | --- |
|  |  |  |  |  |
|  |  |  |  |  |
|  |  |  |  |  |
|  |  |  |  |  |
|  |  |  |  |  |

四、安全防护措施

## 六、评价

以小组为单位，展示本组制订的工作计划，然后在教师点评基础上对工作计划进行修改、完善，并根据表 3-2-5 进行评分。

表 3-2-5　DS6MX 防盗报警系统安装与调试计划评分表

| 评价内容 | 分值 | 评分 | | |
|---|---|---|---|---|
| | | 自我评价 | 小组评价 | 教师评价 |
| 计划制订是否有条理 | 10 | | | |
| 计划是否全面、完善 | 10 | | | |
| 人员分工是否合理 | 10 | | | |
| 任务要求是否明确 | 20 | | | |
| 工具清单是否正确、完善 | 20 | | | |
| 材料清单是否正确、完善 | 20 | | | |
| 团队合作 | 10 | | | |
| 合计 | | | | |

# 学习活动 3　现场施工

## 一、六防区报警系统

六防区报警系统由六防区报警主机 DS6MX、玻璃破碎探测器、振动探测器、感温探测器、幕帘探测器、红外对射探测器、声光报警器等部件组成，该系统为小型防盗报警及周边防范系统，可实现对小区或建筑内的防盗报警功能。六防区报警系统结构框图如图 3-2-5 所示。

图 3-2-5　六防区报警系统结构框图

## 二、设备安装

按照安装施工图安装设备（见图 3-2-6）。

## 三、设备接线

按照系统连线图完成设备连接（见图 3-2-7）。

## 四、六防区报警主机 DS6MX 功能调试

（1）对 DS6MX 进行布防操作，触发防区探测器，主机上提示相应防区报警，管理中心声光报警器动作。

（2）DS6MX 布防时，要求有 5s 的退出延时时间。

（3）将 DS6MX 小型报警主机的主码修改为 2323。

（4）将红外幕帘探测器所在的第 1 防区设为延时防区，进入延时时间为 10s，退出延时时间为 5s。

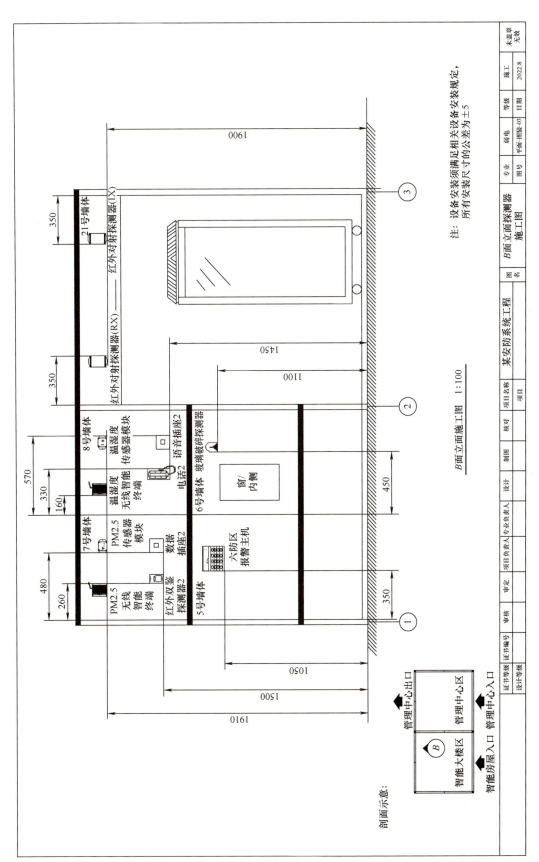

图 3-2-6　安装施工图

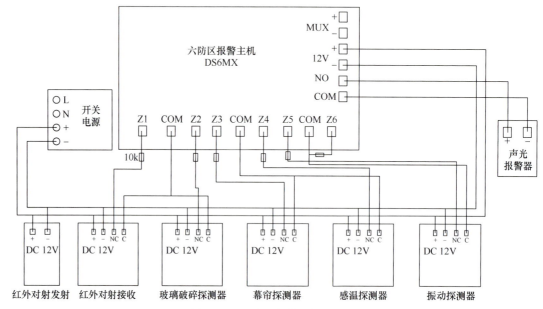

图 3-2-7　六防区报警系统连线图

（5）将玻璃破碎探测器所在的第 2 防区设为即时防区，触发玻璃破碎，第 2 防区立即报警，允许弹性旁路。

（6）将感温探测器所在的防区设置为 24h 防区。

（7）将固态输出口 1 设置为跟随报警输出。

（8）对 DS6MX 进行撤防操作，触发探测器，管理中心声光报警器不动作。

## 五、项目验收

在验收阶段，各小组派代表进行交叉验收，并填写验收记录表（见表 3-2-6）。

表 3-2-6　DS6MX 防盗报警系统安装与调试验收记录表

| 验收问题记录 | 整改措施 | 完成时间 | 备注 |
|---|---|---|---|
|  |  |  |  |
|  |  |  |  |
|  |  |  |  |
|  |  |  |  |
|  |  |  |  |

以小组为单位认真填写 DS6MX 防盗报警系统安装与调试验收报告（见表 3-2-7），并将学习活动中的设备安装调试项目记录填写完整。

表 3-2-7　DS6MX 防盗报警系统安装与调试验收报告

| 工程项目名称 | DS6MX 防盗报警系统安装与调试 | | |
|---|---|---|---|
| 施工单位 |  | 联系人 |  |
| 地址 |  | 电话 |  |
| 项目责任人 |  | 施工周期 |  |
| 工程概况 |  | | |

（续）

| 现存问题 | | | 完成时间 | |
|---|---|---|---|---|
| 改进措施 | | | | |
| 验收结果 | 主观评价 | 客观测试 | 施工质量 | 材料移交 |
| | | | | |

以小组为单位，展示本组 DS6MX 防盗报警系统安装与调试成果，根据表 3-2-8 所列的评分标准进行评分。

表 3-2-8  DS6MX 防盗报警系统安装与调试评分表

| 评分内容 | | 配分 | 重点检查内容 | 评分标准 | 分值 | 得分 | 备注 |
|---|---|---|---|---|---|---|---|
| DS6MX 防盗报警系统安装与调试 | 器件安装 | 40 | 六防区报警主机 DS6MX 的安装 | 器件选择正确、安装位置正确；线路连接正确 | 10 | | |
| | | | 幕帘探测器与 DS6MX 的连接 | | 5 | | |
| | | | 玻璃破碎探测器与 DS6MX 的连接 | | 5 | | |
| | | | 振动探测器与 DS6MX 的连接 | | 5 | | |
| | | | 红外对射探测器与 DS6MX 的连接 | | 5 | | |
| | | | 感温探测器与 DS6MX 的连接 | | 5 | | |
| | | | 声光报警器与 DS6MX 的连接 | | 5 | | |
| | 功能要求 | 40 | 对 DS6MX 进行布防操作，触发防区探测器，主机上提示相应防区报警，管理中心声光报警器动作 | 可布防；探测器动作，可报警 | 5 | | |
| | | | DS6MX 布防时，要求有 5s 的退出延时时间 | 5s 退出延时时间 | 5 | | |
| | | | 将 DS6MX 小型报警主机的主码修改为 2323 | 主码为 2323 | 5 | | |
| | | | 将红外幕帘探测器所在的第 1 防区设为延时防区，进入延时时间为 10s，退出延时时间为 5s | 防区 1 为延时防区；延时进入时间 10s，退出时间 5s | 5 | | |
| | | | 将玻璃破碎探测器所在的第 2 防区设为即时防区，触发玻璃破碎，第 2 防区立即报警，允许弹性旁路 | 防区 2 为即时防区，立即报警，允许弹性旁路 | 5 | | |
| | | | 将感温探测器所在的防区设置为 24h 防区 | 感温为 24h 防区 | 5 | | |
| | | | 将固态输出口 1 设置为跟随报警输出 | 固态输出口 1 为跟随报警 | 5 | | |
| | | | 对 DS6MX 进行撤防操作，触发探测器，管理中心声光报警器不动作 | 可撤防 | 5 | | |
| | 工艺 | 20 | 工艺要求一 | 安装位置正确 | 20 | | |
| | | | 工艺要求二 | 安装牢固无松动 | | | |
| | | | 工艺要求三 | 冷压/搪锡处理 | | | |
| | | | 工艺要求四 | 焊接及热塑绝缘处理 | | | |

# 学习活动 4　总结与评价

## 一、工作总结

以小组为单位，选择演示文稿、展板、海报、录像等形式中的一种或几种向全班展示，汇报学习成果。

## 二、综合评价

请同学们积极回顾与总结，完成自我评价和小组互评，教师通过观察，根据大家在整个过程中的表现，完成教师评价；学生客观地观察自己的评价情况，明确努力方向，并填写表 3-2-9。

表 3-2-9　DS6MX 防盗报警系统安装与调试评价表

| 评价项目 | 评价内容 | 评价标准 | 评价方式 | | |
|---|---|---|---|---|---|
| | | | 自我评价 | 小组评价 | 教师评价 |
| 职业素养 | 安全意识、责任意识 | A. 作风严谨、自觉遵章守纪、出色完成工作任务<br>B. 能够遵守规章制度，较好地完成工作任务<br>C. 遵守规章制度，没完成工作任务，或完成工作任务但忽视规章制度<br>D. 不遵守规章制度，没完成工作任务 | | | |
| | 学习态度、主动性 | A. 积极参与教学活动，全勤<br>B. 缺勤达本任务总学时的 10%<br>C. 缺勤达本任务总学时的 20%<br>D. 缺勤达本任务总学时的 30% | | | |
| | 团队合作意识 | A. 与同学协作融洽，团队合作意识强<br>B. 与同学能沟通，协同工作能力较强<br>C. 与同学能沟通，协同工作能力一般<br>D. 与同学沟通困难，协同工作能力较差 | | | |
| 专业能力 | 学习活动 1<br>明确工作任务 | A. 按时、完整地完成工作页，问题回答正确<br>B. 按时、完整地完成工作页，问题回答基本正确<br>C. 未能按时、完整地完成工作页，或内容遗漏、错误较多<br>D. 未完成工作页 | | | |
| | 学习活动 2<br>施工前准备 | A. 学习活动评价成绩为 90 ～ 100 分<br>B. 学习活动评价成绩为 75 ～ 89 分<br>C. 学习活动评价成绩为 60 ～ 74 分<br>D. 学习活动评价成绩为 0 ～ 59 分 | | | |
| | 学习活动 3<br>现场施工 | A. 学习活动评价成绩为 90 ～ 100 分<br>B. 学习活动评价成绩为 75 ～ 89 分<br>C. 学习活动评价成绩为 60 ～ 74 分<br>D. 学习活动评价成绩为 0 ～ 59 分 | | | |
| 创新能力 | | 学习过程中提出具有创新性、可行性的建议 | 加分奖励： | | |
| 班级 | | | 学号 | | |
| 姓名 | | | 综合评价等级 | | |
| 指导教师 | | | 日期 | | |

# 任务 3.3 大型报警主机 DS7400 防盗报警系统安装与调试

## 工作情景描述

防盗报警系统接线

　　某楼盘的商品房即将交付业主，交付标准除每户安装防盗报警系统外，整栋单元楼要实现当出现门口有人、单元楼内起火等情况及时报给物业管理中心。请根据客户要求选择合适单元楼的报警主机，并与准备好的探测器进行连接，实现客户要求功能，调试成功后交付客户。

## 任务目标

#### 知识与技能目标：
（1）掌握 DS7400 的外形、安装要求及报警原理。
（2）掌握 DS7400 的接线端说明。
（3）掌握 DS7400 防区输入口与报警探测器的连接方式。
（4）掌握 DS7400 的编程方法。
（5）理解 DS7400 报警系统的组成及连接关系。

#### 过程与方法目标：
（1）能够根据计划和安装施工图正确安装设备。
（2）能够按照系统调试要求完成 DS7400 各项功能的调试。
（3）能根据任务要求和实际情况，合理制订工作计划。
（4）能够对任务实施做出合理的总结和评价。

#### 态度与价值观目标：
提升安全防范意识，培养工匠精神、环保与可持续发展理念。

建议课时　10 课时。

### 学习活动 1　明确工作任务

#### 一、阅读施工任务单

　　阅读施工任务单，了解本次施工任务的工作内容，制订施工计划，完善施工相关信息，并填写表 3-3-1。

#### 二、认识设备元器件，勘察施工现场

　　（1）勘察 DS7400 防盗报警系统安装与调试施工现场的基本情况（包括安装位置、尺寸要求、线路连接等情况），做好记录。

（2）识读报警主机DS7400的说明书，记录DS7400的接线端口、接线要点及编程要点。

表 3-3-1　DS7400 防盗报警系统安装与调试施工任务单

工程项目名称：DS7400 防盗报警系统安装与调试

| 工种 / 班组长 | | 施工日期 | | |
|---|---|---|---|---|
| 序号 | 施工部位 / 任务纪要 | 作业人数 | 开始时间 | 结束时间 |
| 1 | 设备、耗材选取购买 | | | |
| 2 | 设备安装、接线 | | | |
| 3 | 设备参数调试 | | | |
| 4 | 现场清理 | | | |
| 近期作业人员进场计划及施工进场计划 | | | 工程量计算方式 | |
| | | | | |
| | | | 完成质量 | |
| | | | 安全文明生产情况 | |
| 备注：所有施工人员施工前，应了解施工图接线要求、任务要求、技术要求和施工要点。进入施工现场要佩戴安全帽，系好帽扣，高空作业时必须系好安全带。注意安全用电，注意现场卫生 | | | 派工员 | |
| | | | 班组长接收人 | |

# 学习活动 2　施工前准备

## 一、报警主机（DS7400）

DS7400 报警主机自带 8 个防区，以两芯总线方式可扩展 240 个防区，共 248 个防区。DS7400 的外形及键盘如图 3-3-1 所示。

图 3-3-1　DS7400 的外形及键盘

### 1. 安装环境

（1）需在室内安装，如办公室，库房等便于日常维护的场所。

（2）安装在墙上时，其底边距离地板面高度不应小于 1.5m，正面有足够的活动空间方便维修操作。

（3）不宜安装于冷藏仓库、高温锅炉房、潮湿等场所。

（4）旁边应有 24h 不切断的交流电源和对外通信线路。

（5）安装载体必须坚固牢靠，可以承受报警主机的重量。

2. 工作原理

用物理方法或电子技术自动探测发生在布防监控区域内的侵入行为，当有侵入行为时产生报警信号，并提示值班人员发生报警的区域部位，显示可能采取的对策。报警主机是预防抢劫、盗窃等事件的重要设施。

## 二、接线端口示意图及说明

DS7400 控制板接线端口示意图如图 3-3-2 所示。

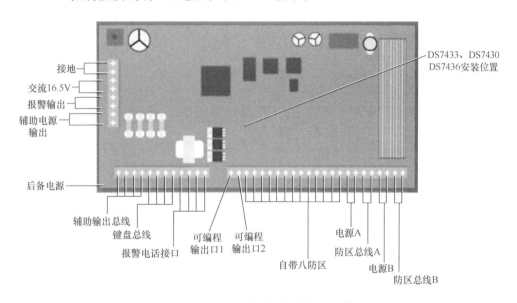

图 3-3-2　DS7400 控制板接线端口示意图

端口接线说明如下：

（1）接地：使用电源线将此处端子与报警主机外壳地相连。

（2）交流 16.5V：使用电源线将此处端子与报警主机内的变压器的 16.5V 输出端相连。

（3）报警输出：连接声光报警器。

（4）辅助电源输出：DC12V，最大 1.0A。

（5）辅助输出总线：可连接 DS7488、DS7412 等外围设备。

（6）后备电源：连接 12V，7.0A·h 蓄电池。

（7）键盘总线：可连接 DS7447I、DS7412 等外围设备。

（8）报警电话接口：连接外部报警电话。

（9）可编程输出口 1、2：提供两个可编程输出。当被触发时，辅助电源的负极则短路到可编程输出 1（P01）可编程输出 1 的电流额定值为 1.0A，可编程输出 1 的功能在地址 2735 处编制；当被触发时，可编程输入出 2（P02）则供给 12V，500mA 的电源。可编程输出 2 的功能在地址 2736 处编制。

（10）自带八防区：可接入 8 个报警探测器输入。

## 三、防区输入端口与报警探测器的连接方式

DS7400 自带防区触发方式为开路或短路报警，自带防区的线尾电阻是 2.2kΩ，扩充模块的线尾电阻为 47kΩ，接线示意图如图 3-3-3 所示。

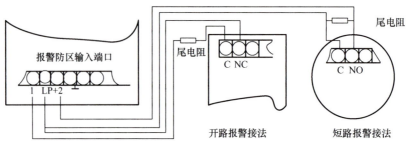

图 3-3-3　DS7400 防区输入端口接线示意图

## 四、DS7412 串行接口模块

### 1. 模块说明

DS7412 是连接 DS7400 主板与打印机或计算机的一种接口转换模块。若想使 DS7400 直接连接英文串口打印机或计算机，就必须使用 DS7412 模块，通过使用 RS232 来实现与外围设备的通信（见图 3-3-4）。模块通信速率为 2400bit/s，与 PC 机通信时串口线的接线顺序为：2-3，3-2，4-6，5-5，6-4，7-8，8-7。

图 3-3-4　DS7412 串行接口模块

### 2. DS7400 与 DS7412 连接图

DS7400 与 DS7412 连接图如图 3-3-5 所示。如需开放通信口，要对地址 4019、4020 中进行设置，若与主机通信正常，DS7412 上的 Rx，和 TxLED 会闪亮。

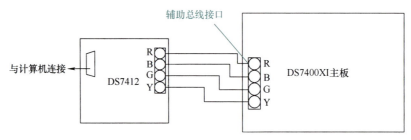

图 3-3-5　DS7400 与 DS7412 连接图

## 五、DS7400 报警主机的功能

### 1. 编程准备

（1）进入编程及退出编程方法：进入编程密码是 9876#0，退出编程方法是按 "*"4s，听到 "哗" 一声，表示已退出编程。

（2）填数据：DS7400XI 编程地址一定是 4 位数，而每地址的数据一定是两位。如需将地址 0001 中填输入数据 21，方法是按 9876#0，此时 DS7447 键盘的灯都闪动。键盘显示：

```
Prog.Mode4.0
Adr=
```

输入地址 0001，接着输入 21# 则显示顺序为

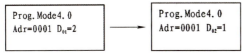

此时自动跳到下一个地址，即地址 0002，若不需要对地址 0002 进行编程，则连续按两次"*"，则键盘又显示：

```
Prog.Mode4.0
Adr=
```

此时就可以输入新的地址及该地址要设置的数据。

### 2. 编程功能

（1）防区功能。防区功能是 DS7400 的防区类型，如即时防区、延时防区、24h 防区、防火防区等。DS7400XI 共有 30 种防区类型可选择，此处只介绍几种常用类型。

1）延时防区：系统布防时，在退出延时时间内，如延时防区被触发，系统不报警；退出延时时间结束后，如延时防区再被触发，在进入延时时间内，如对系统撤防，则不报警；进入延时时间一结束则系统立即报警；受布／撤防影响。

2）即时防区：系统布防时，在退出延时时间内，如果即时防区被触发，系统不报警；退出延时时间结束后，如果即时防区被触发，则系统立即报警；受布／撤防影响。

3）24h 防区：无论系统是否布防，触发 24h 防区则系统均将报警，一般用于接紧急按钮。

4）附校验火警防区：火警防区被一次触发后，在 2min 之内若再次触发，则系统报警；否则不报警。

5）无校验火警防区：火警防区被一次触发后，则系统报警。

6）布／撤防防区：该防区可对 DS7400 所有防区或对某一分区进行布／撤防操作，防区功能见表 3-3-2。

表 3-3-2 防区功能

| 防区功能号 | 对应地址 | 出厂值 | 含义 |
|---|---|---|---|
| 01 | 0001 | 23 | 连续报警，延时 1 |
| 02 | 0002 | 24 | 连续报警，延时 2 |
| 03 | 0003 | 21 | 连续报警，周界即时 |
| 04 | 0004 | 25 | 连续报警，内部／入口跟随 |
| 05 | 0005 | 26 | 连续报警，内部留守／外出 |
| 06 | 0006 | 27 | 连续报警，内部即时 |
| 07 | 0007 | 22 | 连续报警，24h 防区 |
| 08 | 0008 | 7*0 | 脉冲报警，附校验火警 |
| ... | | | |
| 30 | 0030 | | |

（2）确定一个防区的防区功能。防区功能与防区是两个概念。在防区编程中，就是要把某一具体防区设定具有哪一种防区功能。在防区编程中所要解决的问题是：要使用多少个防区，每个防区应设置为哪种防区功能。其中防区与地址的对应关系如防区地址所示，见表 3-3-3。

表 3-3-3 防区地址

| 防区 | 地址 | 数据 1 | 数据 2 |
| --- | --- | --- | --- |
| 1 | 0031 | | |
| 2 | 0032 | | |
| 3 | 0033 | | |
| ... | | | |
| 248 | 0278 | | |

注：数据 1、数据 2 表示防区功能号（01 ～ 30）。

（3）防区特性设置。DS7400XI 是一种总线式大型报警主机系统，可使用的防区扩充模块有多种型号，如 DS7432、DS6MX、DS6MX 等系列。具体选择哪种型号在这项地址中设置。从 0415 ～ 0538 共有 124 个地址，每个地址有两个数据位，依次分别代表两个防区。数据位的含义如防区特性所示，见表 3-3-4。

表 3-3-4 防区特性

| 数据 | 含义 |
| --- | --- |
| 0 | 主机自带防区或 DS7457i 模块 |
| 1 | DS7432、DS7433、DS7460、DS6MX |
| 2 | DS7465 |
| 3 | MX280、MX280TH |
| 4 | MX280THL |
| 5 | Keyfob |
| 6 | DS3MX，DS6MX |

其中，地址与数据位对应关系见表 3-3-5。

表 3-3-5 地址与数据位对应关系

| 地址 | 数据 1 | 数据 2 |
| --- | --- | --- |
| 0415 | 防区 1 | 防区 2 |
| 0416 | 防区 3 | 防区 4 |
| 0417 | 防区 5 | 防区 6 |
| ... | | |
| 0538 | 防区 247 | 防区 248 |

（4）辅助总线输出编程。DS7400XI 和 PC 机直接相连或和串口打印机直接连接（用DS7412）或与继电器输出模块连接时都要使用辅助总线输出口，以确定辅助输出口的速率、数据流特性等。在本实训装置中，需编程的地址及数据参数如下：

1）确定是否使用 DS7412，向外发送哪些事件由地址 4019 确定。地址 4019 数据信息包含数据 1 和数据 2，见表 3-3-6。

表 3-3-6 地址 4019 数据信息

| 地址 4019 | 数据 1 | 数据 2 |
|---|---|---|
| | | |

其中，数据 1 的设置内容及含义见表 3-3-7。

表 3-3-7 数据 1 的设置内容及含义

| 数据 | 含义 |
|---|---|
| 0 | 不使用 DS7412 |
| 1 | 使用 DS7412 |

数据 2 的设置内容及含义见表 3-3-8。

表 3-3-8 数据 2 的设置内容及含义

| 数据 | 含义 |
|---|---|
| 0 | 不发事件 |
| 1 | 发报警、故障、复位 |
| 2 | 发布防 / 撤防 |
| 3 | 发报警、故障、复位、布防 / 撤防 |
| 4 | 除报警、故障、复位、布防 / 撤防外的事件 |
| 5 | 发报警、故障、复位、其他事件 |
| 6 | 布防 / 撤防、其他事件 |
| 7 | 全部事件 |
| 8 | CMS7000 监控软件 |

2）数据流特性编程由地址 4020 确定。地址 4020 数据信息包括数据 1 和数据 2，见表 3-3-9。

表 3-3-9 地址 4020 数据信息

| 地址 4020 | 数据 1 | 数据 2 |
|---|---|---|
| | | |

其中，数据 1 的设置内容及含义见表 3-3-10。

表 3-3-10 数据 1 的设置内容及含义

| 输入数据 | 含义 |
|---|---|
| 0 | 300Baud |
| 1 | 1200Baud |
| 2 | 2400Baud |
| 3 | 4800Baud |
| 4 | 9600Baud |
| 5 | 14400Baud |

数据 2 的设置内容及含义见表 3-3-11。

表 3-3-11　数据 2 的设置内容及含义

| 数据 | 8 数据位 | 1 停止位 | 2 停止位 | 无校验 | 偶数校验 | 奇数校验 | 软件 | 硬件 |
|---|---|---|---|---|---|---|---|---|
| 0 | √ | √ | | √ | | | | |
| 1 | √ | | | √ | | | | √ |
| 2 | √ | √ | | √ | | √ | | |
| 3 | √ | | √ | √ | | | | √ |
| 4 | √ | | √ | | √ | √ | | |
| 5 | √ | √ | | | √ | | | √ |
| 6 | √ | √ | | | | √ | √ | |
| 7 | √ | √ | | | | | √ | √ |

（5）输出编程。输出编程是根据发生的事件、所在分区和警报类型（盗警、火警）触发控制主机上的三个输出之一。输出编程设置内容及含义见表 3-3-12。

表 3-3-12　输出编程设置内容及含义

| 输出 | 地址 | 预设值 |
|---|---|---|
| 报警 | 2734 | 63 |
| 可编程输出 1 | 2735 | 33 |
| 可编程输出 2 | 2736 | 23 |

输出编程数据位字符含义如图 3-3-6 所示。

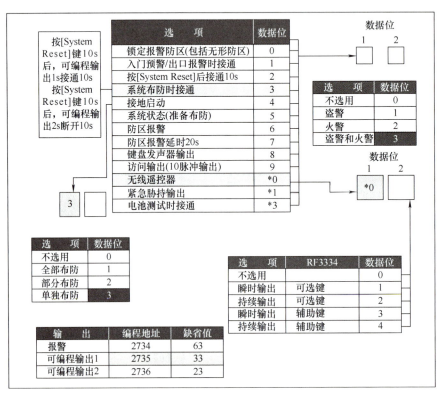

图 3-3-6　输出编程数据位字符含义

### 3. 布防撤防编程的操作

（1）正常的布防撤防方法。布防：用户密码（1234）＋布防键。

撤防：用户密码（1234）＋撤防键。

（2）强制布防的方法。用户密码（1234）＋布防键＋旁路键。

（3）防区旁路和取消旁路的方法。如某防区有故障或暂时不用，必须对这些防区先进行旁路，然后布防。

（4）防区旁路和取消旁路的方法。用户密码＋旁路键＋×××（需要旁路的号，防区编号必须是三位数）。

## 六、制订工作计划

查阅相关资料，了解任务实施的基本步骤，根据任务要求，结合现场勘察的实际情况，制订工作计划，并填写表 3-3-13。

表 3-3-13  DS7400 防盗报警系统安装与调试工作计划表

**DS7400 防盗报警系统安装与调试**

一、人员分工

1. 小组负责人：

2. 小组成员及分工：

| 姓名 | 主要职责 |
|---|---|
|  |  |
|  |  |
|  |  |
|  |  |

二、工具及材料清单

| 序号 | 工具或材料名称 | 单位 | 数量 | 备注 |
|---|---|---|---|---|
|  |  |  |  |  |
|  |  |  |  |  |
|  |  |  |  |  |
|  |  |  |  |  |
|  |  |  |  |  |
|  |  |  |  |  |

三、工序及工期安排

| 序号 | 工作内容 | 开始时间 | 结束时间 | 备注 |
|---|---|---|---|---|
|  |  |  |  |  |
|  |  |  |  |  |
|  |  |  |  |  |
|  |  |  |  |  |
|  |  |  |  |  |
|  |  |  |  |  |

四、安全防护措施

## 七、评价

以小组为单位，展示本组制订的工作计划，然后在教师点评基础上对工作计划进行修改完善，并根据表 3-3-14 中的评分标准进行评分。

表 3-3-14　DS7400 防盗报警系统安装与调试工作计划评分表

| 评价内容 | 分值 | 评分 | | |
|---|---|---|---|---|
| | | 自我评价 | 小组评价 | 教师评价 |
| 计划制订是否有条理 | 10 | | | |
| 计划是否全面、完善 | 10 | | | |
| 人员分工是否合理 | 10 | | | |
| 任务要求是否明确 | 20 | | | |
| 工具清单是否正确、完善 | 20 | | | |
| 材料清单是否正确、完善 | 20 | | | |
| 团队合作 | 10 | | | |
| 合计 | | | | |

# 学习活动 3　现场施工

## 一、DS7400 报警系统

DS7400 报警系统是由大型报警主机 DS7400、红外探测器、感烟探测器、声光报警器、计算机等部件组成的大型防盗报警及周边防范系统。它能实现对小区或建筑内的防盗报警功能。系统框图如图 3-3-7 所示。

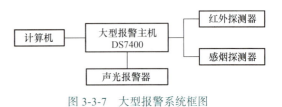

图 3-3-7　大型报警系统框图

## 二、按照系统连线图完成设备连接

按照大型报警系统连线图完成设备连接（见图 3-3-8）。

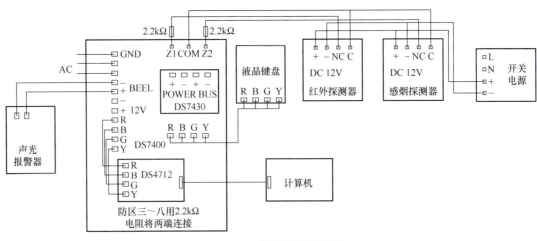

图 3-3-8　大型报警系统连线图

### 三、大型报警主机 DS7400 功能调试

（1）对 DS7400 进行布防操作，触发防区探测器，主机上提示相应防区报警，管理中心声光报警器动作。

（2）DS7400 布防时，要求有 5s 的退出延时时间。

（3）将红外探测器所在的防区设为连续报警，延时布防，延时时间为 10s。

（4）感烟探测器所在的防区设为脉冲报警，附校验火警防区。

（5）设置分区 1、分区 2，要求大型报警主机 DS7400 自带防区属于分区 1，能够通过液晶键盘对分区 1 进行布防，撤防。

（6）对 DS7400 进行撤防操作，触发探测器，管理中心声光报警器不动作。

### 四、项目验收

在验收阶段，各小组派代表进行交叉验收，并填写验收记录表，见表 3-3-15。

表 3-3-15　DS7400 防盗报警系统安装与调试验收记录表

| 验收问题记录 | 整改措施 | 完成时间 | 备注 |
|---|---|---|---|
|  |  |  |  |
|  |  |  |  |
|  |  |  |  |
|  |  |  |  |
|  |  |  |  |

以小组为单位认真填写 DS7400 防盗报警系统安装与调试验收报告，并将学习活动中的设备安装调试项目记录，填写表 3-3-16。

表 3-3-16　DS7400 防盗报警系统安装与调试验收报告

| 工程项目名称 | DS7400 防盗报警系统安装与调试 | | | |
|---|---|---|---|---|
| 施工单位 |  | 联系人 |  | |
| 地址 |  | 电话 |  | |
| 项目责任人 |  | 施工周期 |  | |
| 工程概况 |  | | | |
| 现存问题 |  | 完成时间 |  | |
| 改进措施 |  | | | |
| 验收结果 | 主观评价 | 客观测试 | 施工质量 | 材料移交 |
|  |  |  |  |  |

以小组为单位，展示本组 DS7400 防盗报警系统安装与调试成果，根据表 3-3-17 所列的评分标准进行评分。

表 3-3-17　DS7400 防盗报警系统安装与调试评分表

| 评分内容 | | 配分 | 重点检查内容 | 评分标准 | 分值 | 得分 | 备注 |
|---|---|---|---|---|---|---|---|
| DS7400防盗报警系统安装与调试 | 器件安装 | 40 | 大型报警主机 DS7400 的安装 | 器件选择正确、安装位置正确；线路连接正确 | 10 | | 未正确供电一个设备扣 2 分 |
| | | | 红外探测器与 DS7400 的连接 | | 5 | | |
| | | | 感温探测器与 DS7400 的连接 | | 5 | | |
| | | | 声光报警器与 DS7400 的连接 | | 5 | | |
| | | | 液晶键盘与 DS7400 的连接 | | 5 | | |
| | | | DS7412 与计算机的连接 | | 5 | | |
| | | | 设备的供电 | | 5 | | |
| | 功能要求 | 40 | 对 DS7400 进行布防操作，触发防区探测器，主机上提示相应防区报警，管理中心声光报警器动作 | 可布防；探测器动作，可报警 | 10 | | |
| | | | DS7400 布防时，要求有 5s 的退出延时时间 | 5s 退出延时时间 | 5 | | |
| | | | 将红外探测器所在的防区设为连续报警，延时布防，延时时间为 10s | 防区为连续报警，延时布防；延时时间 10s | 5 | | |
| | | | 感烟探测器所在的防区设为脉冲报警，附校验火警防区 | 防区设为脉冲报警，附校验火警防区 | 5 | | |
| | | | 设置分区 1、分区 2，要求大型报警主机 DS7400 自带防区属于分区 1，能够通过液晶键盘对分区 1 进行布防、撤防 | 通过液晶键盘对分区 1 进行布防、撤防 | 10 | | |
| | | | 对 DS7400 进行撤防操作，触发探测器，管理中心声光报警器不动作 | 可撤防 | 5 | | |
| | 工艺 | 20 | 工艺要求一 | 安装位置正确 | 20 | | |
| | | | 工艺要求二 | 安装牢固无松动 | | | |
| | | | 工艺要求三 | 冷压 / 搪锡处理 | | | |
| | | | 工艺要求四 | 焊接及热塑绝缘处理 | | | |

# 学习活动 4　总结与评价

## 一、工作总结

以小组为单位，选择演示文稿、展板、海报、录像等形式中的一种或几种，向全班展示，汇报学习成果。

## 二、综合评价

请同学们积极回顾与总结，完成自我评价和小组互评，教师通过观察，根据大家在整个过程中的表现，完成教师评价；学生客观地观察自己的评价情况，明确努力方向，并填写表 3-3-18。

表 3-3-18　DS7400 防盗报警系统安装与调试评价表

| 评价项目 | 评价内容 | 评价标准 | 评价方式 | | |
|---|---|---|---|---|---|
| | | | 自我评价 | 小组评价 | 教师评价 |
| 职业素养 | 安全意识、责任意识 | A.作风严谨、自觉遵章守纪、出色完成工作任务<br>B.能够遵守规章制度，较好地完成工作任务<br>C.遵守规章制度，没完成工作任务，或完成工作任务但忽视规章制度<br>D.不遵守规章制度，没完成工作任务 | | | |
| | 学习态度、主动性 | A.积极参与教学活动，全勤<br>B.缺勤达本任务总学时的 10%<br>C.缺勤达本任务总学时的 20%<br>D.缺勤达本任务总学时的 30% | | | |
| | 团队合作意识 | A.与同学协作融洽，团队合作意识强<br>B.与同学能沟通，协同工作能力较强<br>C.与同学能沟通，协同工作能力一般<br>D.与同学沟通困难，协同工作能力较差 | | | |
| 专业能力 | 学习活动 1<br>明确工作任务 | A.按时、完整地完成工作页，问题回答正确<br>B.按时、完整地完成工作页，问题回答基本正确<br>C.未能按时、完整地完成工作页，或内容遗漏、错误较多<br>D.未完成工作页 | | | |
| | 学习活动 2<br>施工前准备 | A.学习活动评价成绩为 90～100 分<br>B.学习活动评价成绩为 75～89 分<br>C.学习活动评价成绩为 60～74 分<br>D.学习活动评价成绩为 0～59 分 | | | |
| | 学习活动 3<br>现场施工 | A.学习活动评价成绩为 90～100 分<br>B.学习活动评价成绩为 75～89 分<br>C.学习活动评价成绩为 60～74 分<br>D.学习活动评价成绩为 0～59 分 | | | |
| 创新能力 | | 学习过程中提出具有创新性、可行性的建议 | 加分奖励： | | |
| 班级 | | | 学号 | | |
| 姓名 | | | 综合评价等级 | | |
| 指导教师 | | | 日期 | | |

# 任务 3.4　综合防盗报警系统安装与调试

## 工作情景描述

　　某楼盘的商品房即将交付业主，交付标准是每户安装防盗报警系统，物业管理中心安装小区监控系统，要求能够实现业主在家时可关闭探测器，离家时开启探测器，保证各探测设备协同工作，当门口有人、玻璃破碎、燃气泄漏、室内着火时都能及时提醒，让业主居家安心，外出放心；同时物业管理中心对单元楼内及各业主的安防情况进行实时监控，通过监控软件可记录布撤防、报警等信息。请根据客户要求选择合适的报警主机、探测器、报警管理软件等设备进行安装与调试，实现用户要求的功能，调试成功后交付客户。

## 任务目标

**知识与技能目标：**
（1）掌握综合报警系统的组成及连接关系。
（2）掌握系统报警软件 CMS7000 的使用。

**过程与方法目标：**
（1）能够按照综合报警系统连线图完成设备安装、连接。
（2）能够按照系统调试要求完成各项功能的调试。
（3）能根据任务要求和实际情况，合理制订工作计划。
（4）能对任务实施做出合理的总结和评价。

**态度与价值观目标：**
提升安全防范意识，培养工匠精神、环保与可持续发展理念。

## 建议课时　10 课时。

# 学习活动 1　明确工作任务

## 一、阅读施工任务单

阅读施工任务单，了解本次施工任务的工作内容，制订施工计划，完善施工相关信息，并填写表 3-4-1。

表 3-4-1　综合防盗报警系统安装与调试施工任务单

工程项目名称：综合防盗报警系统安装与调试

| 工种 / 班组长 | | 施工日期 | | |
|---|---|---|---|---|
| 序号 | 施工部位 / 任务纪要 | 作业人数 | 开始时间 | 结束时间 |
| 1 | 设备、耗材选取购买 | | | |
| 2 | 设备安装、接线 | | | |
| 3 | 设备参数调试 | | | |
| 4 | 现场清理 | | | |
| 近期作业人员进场计划及施工进场计划 | | | 工程量计算方式 | |
| | | | | |
| | | | 完成质量 | |
| | | | 安全文明生产情况 | |
| 备注：所有施工人员施工前，应了解施工图接线要求、任务要求、技术要求和施工要点。进入施工现场要佩戴安全帽，系好帽扣，高空作业时必须系好安全带。注意安全用电，注意现场卫生 | | | 派工员 | |
| | | | 班组长接收人 | |

## 二、认识设备元器件，勘察施工现场

（1）勘察综合防盗报警系统设备安装与调试施工现场的基本情况（包括安装位置、

尺寸要求、线路连接等情况），做好记录。

（2）识读设备说明书，记录设备的主要参数和使用要点。

## 学习活动 2　施工前准备

### 一、CMS7000 软件的安装

#### 1. 软件安装

运行 setup.exe 程序启动安装流程，用户只需要选择软件安装的目录，其他由安装程序自动完成。

#### 2. 软件加密锁

CMS7000 使用软件加密锁，软件成功安装后再将软件加密锁安装在计算机的并行口或 USB 上，然后安装打印机。

没有软件加密锁时运行软件将最多支持 9 个防区，不同软件加密锁支持不同的最大防区数量，超过规定数量将导致无法预料的问题。

#### 3. 注意事项

（1）安装前禁止插入 USB 接口的软件加密锁，禁止使用 BDE 管理程序，如果有其他程序使用 BDE，请先关闭。安装完成之后建议重新启动。

（2）如果安装路径中某个目录名长度超过 8 个字符，可能导致实时打印功能失效。

（3）单击 CMS7000 图标启动程序，如果程序已经运行，则不能运行多个副本。程序启动过程中会进行必要的初始化过程，初始化完成后出现登录界面。

（4）如果实时打印设置为有效，而没有设置本地打印机，将在 WIN2000/XP 中导致程序锁死。

### 二、CMS7000 软件的启动

为了保证系统安全，CMS7000 的使用人员必须登录后才能拥有相应的操作权限，初始安装的系统中拥有系统管理员用户，具有所有权限，其他用户的增加及权限设置由系统管理员管理。

#### 1. 系统管理员

系统管理员初始口令为空（注意第一次进入后应更改此口令）。

#### 2. 权限检查

缺省状态下，对 CMS7000 的每次操作都需要验证操作权限，如果不希望每次操作都检查权限，而只是以登录的权限为准，则可以设置"系统参数"中的"只在登录时检查口令"为有效。

### 3. 用户界面

CMS7000 运行时为全屏方式，用户界面主要包括主显示界面、弹出式窗口、系统菜单和工具栏。主显示界面主要显示报警板、用户/防区地图、用户防区资料、巡更管理、报警历史记录等数据，但这些内容不能同时显示。弹出式窗口主要显示报警处理界面、主机参数设置、系统参数设置等内容，允许同时弹出多个窗口，这些窗口覆盖主显示界面。所有功能全部在系统菜单中有相应选项，常用功能在工具栏中列出。CSM7000 用户界面如图 3-4-1 所示。

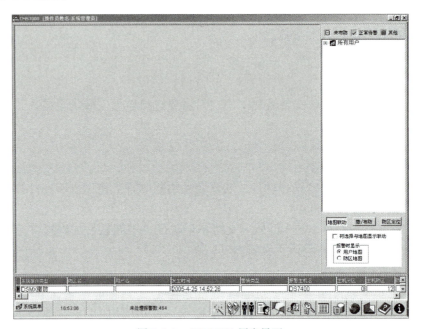

图 3-4-1　CSM7000 用户界面

### 4. 基本操作

可以通过菜单和工具栏按钮完成用户操作，单击右键可以激活相应菜单，双击可以获取相应详细资料。

## 三、软件使用说明

### 1. 基本操作术语

主机：与 PC 连接的报警主机，不同的主机具有唯一的主机编号，主机名称由软件操作员定义，便于主机管理。主机名允许相同，但建议应该有所区别，每台主机对应的串行接口必须不同，接口的通信参数如波特率、校验方式允许用户设置。每台主机支持的分区、防区范围允许用户根据实际情况设置，最小为 1。

主机防区：每台报警主机对应的报警点（传感器）。在每台主机上具有唯一的编号，主机编号与主机防区编号对应一个唯一的防区。

主机分区：每台报警主机撤/布防管理的基本单位，是主机防区的集合，因为目前每台 DS7400 主机只支持 8 个分区，因此不便于在多用户、小分组的情况下进行管理，因此在 CMS7000 中只用于对主机进行主机撤/布防。用于 CMS7000 需要对防区进行分组管理时，CMS7000 使用"用户"的概念。

防区：CMS7000 定义的防区是管理系统的基本单位，也是整个系统的核心，每一个防区对应一个报警传感器，由主机编号和主机防区编号唯一决定，传感器的工作方式由防区参数决定。

撤 / 布防开关防区：此类防区的报警信号在 CMS7000 中不作为报警处理，而用来控制防区的撤 / 布防，使用户在没有控制键盘的情况下通过普通开关完成撤 / 布防。每一个撤 / 布防开关控制其所属用户的撤 / 布防状态。

用户：为了便于管理，对应系统使用情况，将防区归于一个分组以便统一管理，所有防区必须属于某一用户。

用户组：为了便于管理，可以将用户分类成不同用户组，所有用户必须属于某一用户组。

地图：用于监控防区，用户的地图可以为每个防区或用户指定其所属的地图文件名称，定义它们在地图上的位置，显示地图时如果选择的是用户方式，则所有被定义在指定地图上的用户被显示，如果是显示防区，则指定地图上所有防区被显示，有报警事件发生的用户或防区将动态显示在地图上，系统定义有一张主监控地图，在规定时间内系统可以自动将监控地图切换到主监控地图上进行用户监控。

撤 / 布防：对防区进行的撤 / 布防，它与报警主机的撤 / 布防状态无关，CMS7000 根据防区的布防状态与防区类型来决定是否将收到的符合条件的主机报警消息作为报警。

### 2. 使用步骤

（1）增加报警主机并设置参数。激活报警主机参数设置窗口，增加报警主机并输入报警主机名称，选择串行接口编号及设置连接参数（与报警主机实际设置对应），输入报警主机最大防区范围、报警主机最大分区范围和其他参数，单击"确定"按钮保存。

**注意：**

删除报警主机时，依附于此报警主机的防区将会被自动删除，并且不能恢复。

（2）查看报警主机通信。如果主机设置正确，激活通信监控窗口，单击"开始"按钮，如果连接正确，则可在监控窗口收到数据。

（3）增加用户组并设置参数。激活用户组管理窗口，解除修改编辑锁定，增加用户组，输入用户组名称。用户组是用来对多个用户进行分组管理的，可以对整个用户组进行撤 / 布防和旁路操作。用户组删除时，属于该组的用户及相应的防区将被自动删除。

（4）增加用户及防区。激活用户及防区管理功能，增加用户，选择用户所属的用户组，输入用户名称及其他参数，单击"确定"按钮保存。增加防区，选择防区所属用户，输入防区名称，选择防区类型，选择防区对应的报警主机，选择防区对应报警主机中的防区编号。增加防区之前确定报警主机的防区设置情况，默认状态为开路，短路触发报警；可以通过通信监控窗口观察报警触发的消息。如果使用的防区实际属性与防区类型模板中初始设置不一致，可以先修改"防区类型设置"，然后设置用户防区资料。修改"防区类型模板"对已经设置的防区没有影响。

（5）用户 / 防区地图定位。激活用户 / 防区定位窗口，如果用户及防区没有指定地图名称，则不能进行定位操作，图标前为红色，需要在防区参数中设置。如果指定了地图但没有定位，则选择定位操作并解除定位锁定后，在左侧树中选择用户或防区时，右侧会显示相应的地图及已经定位在此地图上所有的防区；直接将没有定位的防区从右侧树中拖到左侧地图上即可。重新定位只需直接在地图上拖动图标。如果重新定位防区到另一张地图或从地图上删除用户或防区，需要在用户 / 防区中重新设置新地图名称或清除地图名称，然后进行地图定位。

（6）撤／布防与旁路。激活撤／布防窗口，在树中选择要操作的用户组／用户／防区，然后根据需要进行各种操作（报警主机必须处于布防状态，相应布防才有效）。主机的撤／布防操作将自动引起软件中具有相应主机分区的防区撤／布防，但通过软件对防区撤／布防对报警主机撤／布防状态没有任何影响。对防区旁路操作将屏蔽此防区的所有报警事件，撤防操作将自动将防区从旁路状态恢复正常。

（7）报警处理。触发报警主机，如果设置正确，将弹出报警处理窗口，不同类型报警的显示颜色在报警类型和系统事件类型中设置。双击报警事件列表，将显示报警详细资料；输入报警处理结果或选择使用预置处理方案，单击"确定"按钮处理报警；报警将从当前报警显示表中删除，并保存到历史记录数据库。报警预处理方案在防区定义设置，报警处理结果可以通过"系统参数设置"进行编辑。默认情况下，每次处理报警必须确认权限，如果需要解除报警处理过程中每次进行权限确认的设置，单击报警处理窗口中的"解除权限检查"按钮，具有报警处理权限的管理员将可以取消权限检查。

（8）实时打印／报表打印。所有报警事件、系统事件、管理员操作都将通过连接在软件运行的计算机上的本地打印机实时打印，报表可以通过标准的 Windows 打印设备通过网络共享打印。实时打印受系统参数设置影响，默认值为关闭实时打印。在 Windows 中，如果实时打印输出有效又没有安装本地并行口打印机驱动程序，将导致程序不能运行。

如果实时打印没有出现，可能有如下原因：

1）系统参数设置中的实时打印功能关闭。

2）软件安装目录路径中有长文件名，可以通过修改安装目录或下载 Windows 相应补丁解决。

3）打印机不支持汉字，必须使用支持汉字字库的打印机，简体版使用支持 GB/T 2312—1980 的字库，繁体版使用支持 BIG5 的，且打印机应该设置在汉字打印模式下。

4）打印机设置错误，更改 Windows 打印设置来解决。

5）Windows 没有设置本地打印机将导致软件启动后锁死，请添加本地打印机。

## 四、软件登录

启动计算机，在 Windows 界面上双击 CMS7000S 图标，启动报警软件。启动软件后，软件先进行初始化，然后进入登录界面。CMS7000 登录界面如图 3-4-2 所示。

第一次登录时，管理员为系统管理员，口令为空。可以在操作员权限管理中修改登录口令，也可以在登录管理中修改当前操作员的口令。如果需要关闭每次操作的口令检查，可以在菜单"参数设置"中"系统参数设置"下选择"登录后不要检查口令"项并保存。系统参数设置界面如图 3-4-3 所示。

单击"登录"按钮，用户登录后的主界面如图 3-4-4 所示。

图 3-4-2　CMS7000 登录界面

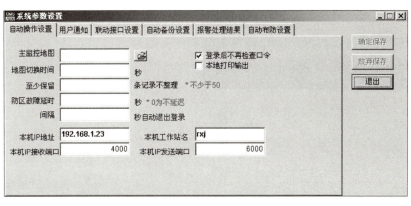

图 3-4-3　系统参数设置界面

图 3-4-4　用户登录后的主界面

## 五、CMS7000 软件基本操作

### 1. 增加报警主机并设置参数

单击工具栏上的"报警主机设置"按钮，启动报警主机管理界面，如图 3-4-5 所示。在窗口中选择如下参数：主机类型为 DS7400XI；报警主机名为 DS7400（也可以是其他名字）校验方式为无校验，串口号为 1（根据具体使用而定）。

### 2. 增加用户组

单击工具栏上的"用户组定义"按钮，启动用户组管理界面，如图 3-4-6 所示。在"用户组名称"处输入自己所定义的用户组名称。

### 3. 增加用户及防区

单击工具栏上的"用户防区管理"按钮，启动用户防区管理界面，如图 3-4-7 所示。

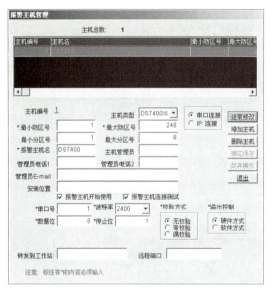

图 3-4-5  报警主机管理界面

图 3-4-6  用户组管理界面

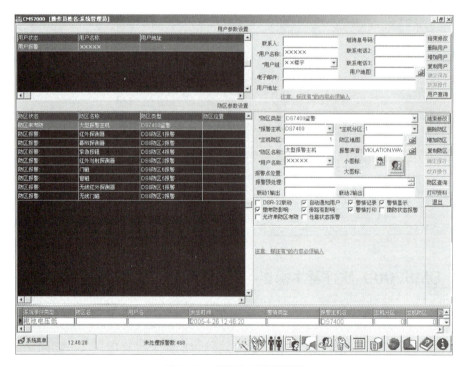

图 3-4-7  用户防区管理界面

界面分为用户定义及防区管理两个部分。在第一次定义用户时，先激活用户定义（单击"开始修改"按钮），填写用户名称，然后激活防区定义与管理。

激活用户及防区管理功能，增加用户，选择用户所属的用户组，输入用户名称及其他参数，确定保存。增加防区，选择防区所属用户，输入防区名称，选择防区类型，选择防区对应的报警主机，选择防区对应报警主机中的防区编号。

增加防区之前确定报警主机的防区设置情况，默认状态为开路，短路触发报警；可以通过通信监控窗口观察报警触发的消息。

如果使用的防区实际属性与防区类型模板中初始设置不一致，可以先修改"防区类型设置"，然后设置用户防区资料。修改"防区类型模板"对已经设置的防区没有影响。

## 六、制订工作计划

查阅相关资料，了解任务实施的基本步骤，根据任务要求，结合现场勘察的实际情况，制订小组工作计划，并填写表3-4-2。

表 3-4-2  综合防盗报警系统安装与调试工作计划表

**综合防盗报警系统安装与调试**

一、人员分工

1. 小组负责人：

2. 小组成员及分工：

| 姓名 | 主要职责 |
|---|---|
|  |  |
|  |  |
|  |  |
|  |  |

二、工具及材料清单

| 序号 | 工具或材料名称 | 单位 | 数量 | 备注 |
|---|---|---|---|---|
|  |  |  |  |  |
|  |  |  |  |  |
|  |  |  |  |  |
|  |  |  |  |  |
|  |  |  |  |  |

三、工序及工期安排

| 序号 | 工作内容 | 开始时间 | 结束时间 | 备注 |
|---|---|---|---|---|
|  |  |  |  |  |
|  |  |  |  |  |
|  |  |  |  |  |
|  |  |  |  |  |

四、安全防护措施

## 七、评价

以小组为单位，展示本组制订的工作计划，然后在教师点评基础上对工作计划进行修改、完善，并根据表 3-4-3 进行评分。

表 3-4-3　综合防盗报警系统安装与调试计划评分表

| 评价内容 | 分值 | 评分 | | |
|---|---|---|---|---|
| | | 自我评价 | 小组评价 | 教师评价 |
| 计划制订是否有条理 | 10 | | | |
| 计划是否全面、完善 | 10 | | | |
| 人员分工是否合理 | 10 | | | |
| 任务要求是否明确 | 20 | | | |
| 工具清单是否正确、完善 | 20 | | | |
| 材料清单是否正确、完善 | 20 | | | |
| 团队合作 | 10 | | | |
| 合计 | | | | |

# 学习活动 3　现场施工

## 一、综合防盗报警系统

综合防盗报警系统由大型报警主机 DS7400、六防区报警主机 DS6MX、红外探测器、感烟探测器、玻璃破碎探测器、振动探测器、感温探测器、幕帘探测器、红外对射探测器、声光报警器、计算机等部件组成，该系统为综合防盗报警及周边防范系统，可实现对小区和业主室内的防盗报警功能。综合防盗报警系统结构框图如图 3-4-8 所示。

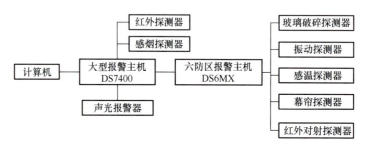

图 3-4-8　综合防盗报警系统结构框图

## 二、设备安装

按照系统连线图完成设备安装（见图 3-4-9）。

## 三、综合防盗报警系统功能调试

（1）设置大型报警主机 DS7400 主操作码为 2022，编程密码为 3512，设置六防区报警主机 DS6MX 主码为 9595。

（2）设置大型报警主机 DS7400：红外幕帘探测器所在三防区为 24h 防区；振动探测器所在四防区为延时防区，进入延时 5s，退出延时 5s。

（3）设置六防区报警主机 DS6MX：感温探测器所在一防区为即时防区；感烟探测器所在二防区为即时防区；红外双鉴探测器所在三防区为延时防区，进入延时 10s，退出延时 10s；玻璃破碎探测器所在四防区为 24h 防区。

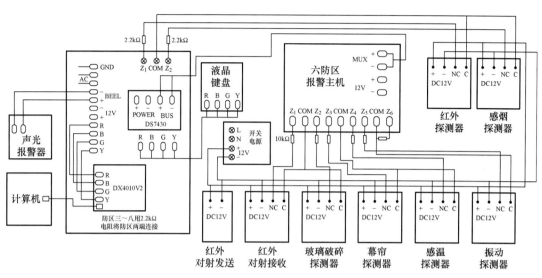

图 3-4-9　综合防盗报警系统连线图

（4）当六防区报警主机 DS6MX 布防后，触发红外双鉴探测器，延时 10s 开启单元门；在延时时间内，若按下紧急按钮，则立即开启单元门；若不在延时时间内按下紧急按钮，则不能开启单元门。

（5）为大型报警主机 DS7400 设置一个劫持码：1341，使用该劫持码撤防及用软件记录该警情。

（6）设置液晶键盘 <C> 按键，实现声光报警器 1 连续报警。

（7）实现大型报警主机 DS7400 与计算机的通信，通过 CMS7000 报警软件记录系统布防、撤防、报警（包含幕帘探测器、玻璃破碎探测器、感温探测器、红外对射探测器、感烟探测器）信息，并将运行记录保存在计算机 D 盘"工位号"文件夹下的"防盗报警运行记录"子文件夹内。

## 四、项目验收

在验收阶段，各小组派代表进行交叉验收，并填写验收记录表，见表 3-4-4。

表 3-4-4　综合防盗报警系统验收记录表

| 验收问题记录 | 整改措施 | 完成时间 | 备注 |
| --- | --- | --- | --- |
|  |  |  |  |
|  |  |  |  |
|  |  |  |  |
|  |  |  |  |

以小组为单位认真填写综合防盗报警系统安装与调试验收报告（见表 3-4-5），并将学习活动中的设备安装调试项目记录填写完整。

表 3-4-5　综合防盗报警系统安装与调试验收报告

| 工程项目名称 | 综合防盗报警系统安装与调试 | | |
|---|---|---|---|
| 施工单位 | | 联系人 | |
| 地址 | | 电话 | |
| 项目责任人 | | 施工周期 | |
| 工程概况 | | | |
| 现存问题 | | 完成时间 | |
| 改进措施 | | | |
| 验收结果 | 主观评价 | 客观测试 | 施工质量 | 材料移交 |
| | | | | |

以小组为单位，展示本组综合防盗报警系统安装与调试成果，根据表 3-4-6 所列的评分标准进行评分。

表 3-4-6　综合防盗报警系统安装与调试评分表

| 评分内容 | | 配分 | 重点检查内容 | 评分标准 | 分值 | 得分 | 备注 |
|---|---|---|---|---|---|---|---|
| 综合防盗报警系统安装与调试 | 器件安装 | 40 | 大型报警主机 DS7400 的安装 | 器件选择正确、安装位置正确；线路连接正确 | 3 | | 少安装一个探测器扣1分 |
| | | | 六防区报警主机 DS6MX 的安装 | | 3 | | |
| | | | 各探测器的安装 | | 10 | | |
| | | | DS7400 与计算机的连接 | | 3 | | |
| | | | DS7400 与 DS6MX 的连接 | | 5 | | |
| | | | 红外探测器与 DS7400 的连接 | | 2 | | |
| | | | 感温探测器与 DS7400 的连接 | | 2 | | |
| | | | 声光报警器与 DS7400 的连接 | | 2 | | |
| | | | 玻璃破碎探测器与 DS6MX 的连接 | | 2 | | |
| | | | 振动探测器与 DS6MX 的连接 | | 2 | | |
| | | | 感温探测器与 DS6MX 的连接 | | 2 | | |
| | | | 幕帘探测器与 DS6MX 的连接 | | 2 | | |
| | | | 红外对射探测器与 DS6MX 的连接 | | 2 | | |
| | 功能要求 | 40 | 设置大型报警主机 DS7400 主操作码为 2022，编程密码为 3512 | | 6 | | |
| | | | 设置六防区报警主机 DS6MX 主码为 9595 | | 3 | | |
| | | | 设置大型报警主机 DS7400：红外幕帘探测器所在三防区为 24h 防区；振动探测器所在四防区为延时防区，进入延时 5s，退出延时 5s | | 6 | | |
| | | | 设置六防区报警主机 DS6MX：感温探测器所在一防区为即时防区；感烟探测器所在二防区为即时防区；红外双鉴探测器所在三防区为延时防区，进入延时 10s，退出延时 10s；玻璃破碎探测器所在四防区为 24h 防区 | | 9 | | |

（续）

| 评分内容 | 配分 | 重点检查内容 | 评分标准 | 分值 | 得分 | 备注 |
|---|---|---|---|---|---|---|
| 综合防盗报警系统安装与调试 | 功能要求 40 | 当六防区报警主机 DS6MX 布防后，触发红外双鉴探测器，延时 10s 开启单元门；在延时时间内，若按下紧急按钮，则立即开启单元门；若不在延时时间内按下紧急按钮，则不能开启单元门 | | 3 | | |
| | | 为大型报警主机 DS7400 设置一个劫持码：1341，使用该劫持码撤防及用软件记录该警情 | | 3 | | |
| | | 设置液晶键盘 <C> 按键，实现声光报警器 1 连续报警 | | 3 | | |
| | | 实现大型报警主机 DS7400 与计算机的通信，通过 CMS7000 报警软件记录系统布防、撤防、报警（包含幕帘探测器、玻璃破碎探测器、感温探测器、红外对射探测器、感烟探测器）信息，并将运行记录保存在计算机 D 盘"工位号"文件夹下的"防盗报警运行记录"子文件夹内 | | 7 | | |
| | 工艺 20 | 工艺要求一 | 安装位置正确 | 20 | | |
| | | 工艺要求二 | 安装牢固无松动 | | | |
| | | 工艺要求三 | 冷压 / 搪锡处理 | | | |
| | | 工艺要求四 | 焊接及热塑绝缘处理 | | | |
| | | 工艺要求五 | 线槽内布线整齐、规范 | | | |

## 学习活动 4　总结与评价

### 一、工作总结

以小组为单位，选择演示文稿、展板、海报、录像等形式中的一种或几种向全班展示，汇报学习成果。

### 二、综合评价

请同学们积极回顾与总结，完成自我评价和小组互评，教师通过观察根据大家在整个过程中的表现，完成教师评价；学生直观地观察自己的评价情况，明确努力方向，并填写表 3-4-7。

安全技术防范系统施工

表 3-4-7　综合防盗报警系统安装与调试评价表

| 评价项目 | 评价内容 | 评价标准 | 评价方式 | | |
|---|---|---|---|---|---|
| | | | 自我评价 | 小组评价 | 教师评价 |
| 职业素养 | 安全意识、责任意识 | A.作风严谨、自觉遵章守纪、出色完成工作任务<br>B.能够遵守规章制度，较好地完成工作任务<br>C.遵守规章制度，没完成工作任务，或完成工作任务但忽视规章制度<br>D.不遵守规章制度，没完成工作任务 | | | |
| | 学习态度、主动性 | A.积极参与教学活动，全勤<br>B.缺勤达本任务总学时的 10%<br>C.缺勤达本任务总学时的 20%<br>D.缺勤达本任务总学时的 30% | | | |
| | 团队合作意识 | A.与同学协作融洽，团队合作意识强<br>B.与同学能沟通，协同工作能力较强<br>C.与同学能沟通，协同工作能力一般<br>D.与同学沟通困难，协同工作能力较差 | | | |
| 专业能力 | 学习活动 1<br>明确工作任务 | A.按时、完整地完成工作页，问题回答正确<br>B.按时、完整地完成工作页，问题回答基本正确<br>C.未能按时、完整地完成工作页，或内容遗漏、错误较多<br>D.未完成工作页 | | | |
| | 学习活动 2<br>施工前准备 | A.学习活动评价成绩为 90 ~ 100 分<br>B.学习活动评价成绩为 75 ~ 89 分<br>C.学习活动评价成绩为 60 ~ 74 分<br>D.学习活动评价成绩为 0 ~ 59 分 | | | |
| | 学习活动 3<br>现场施工 | A.学习活动评价成绩为 90 ~ 100 分<br>B.学习活动评价成绩为 75 ~ 89 分<br>C.学习活动评价成绩为 60 ~ 74 分<br>D.学习活动评价成绩为 0 ~ 59 分 | | | |
| 创新能力 | | 学习过程中提出具有创新性、可行性的建议 | 加分奖励： | | |
| 班级 | | | 学号 | | |
| 姓名 | | | 综合评价等级 | | |
| 指导教师 | | | 日期 | | |

## 知识拓展

### 唐僧取经中的团队协作

　　唐僧师徒爬高山，渡险河，斩妖伏魔，历经九九八十一难，终于取得真经，是一个成功团队的典范。

当今很多优秀的企业非常推崇这支团队，认为它是最完美的团队，师徒四人性格各不相同，却同时有着不可替代的优势。唐僧慈悲为怀，使命感很强，有组织设计能力，注重行为规范和工作标准，所以他能担任团队主管，做团队的核心；孙悟空本领高强，是取经路上的先行者，能迅速理解、完成任务，是团队业务骨干和铁腕人物；猪八戒看似实力不强，又好吃懒做，但是他善于活跃工作气氛，使取经之旅不至于太沉闷；沙僧勤恳、踏实，平时默默无闻，关键时刻他能稳如泰山、稳定局面。

# 项目 4

## 巡更管理系统

>> 项目目标

### 1. 知识目标

（1）掌握巡更管理系统的工作原理及基本组成。
（2）掌握巡更设备安装质量控制标准。
（3）掌握巡更管理系统施工工艺流程。
（4）掌握巡更管理软件的安装及使用。

### 2. 能力目标

（1）具备巡更工程图识图能力。
（2）具备巡更设备的安装及调试能力。
（3）具备巡更管理软件的编程、故障排除能力。

### 3. 素养目标

（1）培养安全、环保及职业卫生意识。
（2）培养沟通协调、团队协作、解决问题及总结、表达能力。
（3）弘扬工匠精神，激励学生走技能成才之路。

>> 职业技能要求

　　本项目学习对应"综合安防系统建设与运维（中级）"职业技能：根据业务需求，完成巡更管理系统的现场勘察、巡更设备的安装、巡更软件的编程调试及故障排除等工作任务。

>> 工作流程与活动

　　根据学习任务要求和工作过程的逻辑分析任务流程，将本次课的学习内容分解为：明确工作任务、施工前准备、现场施工、总结与评价四个部分。

必备能力

分析任务书
收集素材

巡更系统的工作原理
巡更系统的基本组成
巡更设备的安装方法

巡更设备的安装
巡更软件的编程调试

作品展示评价
阐述汇报
调整优化

明确工作任务　施工前准备　现场施工　总结与评价

巡更管理系统
的安装与调试

自主学习
归纳知识

设计装调方案
自我探究

独立完成
诚信价值

语言表达能力
专业分析能力
文明交流能力

专业素养

---

## 任务 4.1　巡更管理系统基础知识与巡更设备的安装

### 工作情景描述

巡更系统

某楼盘的商品房即将交付业主，小区的安防交付标准要求小区巡更人员每日定时到指定地点进行安全巡视，物业管理人员可调阅、打印巡更人员的工作情况，加强对巡更人员的管理，实现人防和技防相结合、不留任何死角的安全防范。请根据客户要求了解巡更系统的工作原理及组成，选择符合要求的巡更设备，并把所选的巡更点卡按照施工图安装到指定位置。

### 任务目标

**知识与技能目标：**
（1）掌握巡更管理系统的工作原理及基本组成。
（2）掌握巡更设备安装质量控制标准。
（3）掌握巡更管理系统施工工艺流程。

**过程与方法目标：**
（1）掌握巡更点的安装规则，并按照施工图正确安装巡更点。
（2）能根据任务要求和实际情况，合理制订工作计划。
（3）能够对任务实施做出合理的总结和评价。

态度与价值观目标：

培养学生严谨的职业态度，提升安全防范意识，提升自我评价总结能力。

**建议课时** 6 课时。

## 学习活动 1　明确工作任务

### 一、阅读施工任务单

阅读施工任务单，了解本次施工任务的工作内容，制订施工计划，完善施工相关信息，并填写表 4-1-1。

表 4-1-1　巡更管理系统安装施工任务单

工程项目名称：巡更管理系统安装

| 工种 / 班组长 | | 施工日期 | | |
|---|---|---|---|---|
| 序号 | 施工部位 / 任务纪要 | 作业人数 | 开始时间 | 结束时间 |
| 1 | 设备、耗材选取购买 | | | |
| 2 | 设备安装、接线 | | | |
| 3 | 设备参数调试 | | | |
| 4 | 现场清理 | | | |
| 近期作业人员进场计划及施工进场计划 | | | 工程量计算方式 | |
| | | | | |
| | | 完成质量 | | |
| | | 安全文明生产情况 | | |
| 备注：所有施工人员施工前，应了解施工图接线要求、任务要求、技术要求和施工要点。进入施工现场要佩戴安全帽，系好帽扣，高空作业时必须系好安全带。注意安全用电，注意现场卫生 | | 派工员 | | |
| | | 班组长接收人 | | |

### 二、认识设备元器件，勘察施工现场

（1）勘察巡更管理系统安装施工现场的基本情况（包括安装位置、尺寸要求、线路连接等情况），做好记录。


（2）识读巡更棒、巡更点的使用说明书，记录每个设备器件的主要参数。



## 学习活动 2　施工前准备

### 一、巡更管理系统的工作原理

智能小区巡更管理系统是小区安全防范系统的重要补充，通过对小区内各区域及重要部位的安全巡视，可以实现不留任何死角的小区防范。在小区各区域内及重要部位安装巡更点构成巡更管理系统，巡更人员携带巡更棒按指定的路线和时间到达巡更点并进

行记录，然后将信息传送到管理中心。管理人员可调阅、打印各巡更人员的工作情况，加强对巡更人员的管理，实现人防和技防的结合。巡更棒和巡更点如图 4-1-1 所示。

## 二、巡更管理系统的分类

现阶段，巡更管理系统可分为：接触式电子巡更管理系统、感应式电子巡更管理系统、在线式巡更管理系统和 GPS 巡更系统。

## 三、巡更管理系统的基本组成

巡更管理系统包括巡更棒（巡更人员随身携带，用于巡检）、通信座或数据线（用于连接巡更棒和计算机的通信设备）、人员卡（用于更换巡更人员）、巡更点（布置在巡更线路中，不需电源、不需布线）、事件本（可事先输入可能发生的事件，巡更时可读取事件）、管理软件（单机版、局域版、网络版）等主要部分。部分巡更管理系统组成如图 4-1-2 所示。

图 4-1-1　巡更棒和巡更点

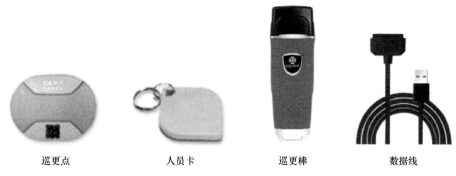

巡更点　　　　　人员卡　　　　　巡更棒　　　　　数据线

图 4-1-2　部分巡更管理系统组成

## 四、巡更管理系统的工作流程

巡更人员手持巡更棒，沿着规定的路线巡查，在规定的时间内到达巡更点，用巡更棒读取巡更点，工作时伴有振动和灯光双重提示。巡更棒会自动记录到达该地点的时间和巡更人员，然后通过数据通信线将巡更棒连接计算机，把数据上传到管理软件的数据库中。管理软件对巡更数据进行自动分析并智能处理，由此实现对巡更工作的科学管理。巡更管理系统工作流程如图 4-1-3 所示。

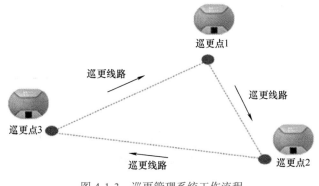

图 4-1-3　巡更管理系统工作流程

## 五、制订工作计划

查阅相关资料，了解任务实施的基本步骤，根据任务要求，结合现场勘察的实际情况制订小组工作计划，并填写表 4-1-2。

表 4-1-2　巡更管理系统安装工作计划表

**巡更管理系统安装**

一、人员分工

1. 小组负责人：

2. 小组成员及分工：

| 姓名 | 主要职责 |
| --- | --- |
|  |  |
|  |  |
|  |  |
|  |  |

二、工具及材料清单

| 序号 | 工具或材料名称 | 单位 | 数量 | 备注 |
| --- | --- | --- | --- | --- |
|  |  |  |  |  |
|  |  |  |  |  |
|  |  |  |  |  |
|  |  |  |  |  |
|  |  |  |  |  |
|  |  |  |  |  |

三、工序及工期安排

| 序号 | 工作内容 | 开始时间 | 结束时间 | 备注 |
| --- | --- | --- | --- | --- |
|  |  |  |  |  |
|  |  |  |  |  |
|  |  |  |  |  |
|  |  |  |  |  |
|  |  |  |  |  |

四、安全防护措施

## 六、评价

以小组为单位，展示本组制订的工作计划，然后在教师点评基础上对工作计划进行修改和完善，并根据表 4-1-3 中的评分标准进行评分。

表 4-1-3　巡更管理系统安装工作计划评分表

| 评价内容 | 分值 | 评分 | | |
|---|---|---|---|---|
| | | 自我评价 | 小组评价 | 教师评价 |
| 计划制订是否有条理 | 10 | | | |
| 计划是否全面、完善 | 10 | | | |
| 人员分工是否合理 | 10 | | | |
| 任务要求是否明确 | 20 | | | |
| 工具清单是否正确、完善 | 20 | | | |
| 材料清单是否正确、完善 | 20 | | | |
| 团队合作 | 10 | | | |
| 合计 | | | | |

# 学习活动 3　现场施工

## 一、巡更点的设置

（1）在小区重要部位设置巡更点。
（2）在周界防范、视频监控系统死角设置巡更点。
（3）在重要设施、设备区域内设置巡更点。
（4）在地下车库、地上停车场设置巡更点。
（5）在主要通道、道路附近设置巡更点。
（6）在安防中心附近设置巡更点。

## 二、巡更点设置施工工艺要求

（1）巡更点安装高度需满足巡更需求。例如巡更点设置在右手边，高度为 1.3m 左右。
（2）巡更点位分配需结合使用方进行统筹安排，以免巡更线路漏点、多点等。
（3）巡更点安装方向需端正，以便巡更人员清楚识别巡更点名称。
（4）巡更点位可增加夜光材质辅助贴片，以满足巡更人员能在夜间快速找到巡更点的需求。

## 三、按照安装施工图尺寸要求安装巡更点

### 1. 单元门口 1 巡更点

按照图 4-1-4 所示安装单元门口 1 巡更点。

### 2. 机房室外巡更点

按照图 4-1-5 所示安装机房室外巡更点。

### 3. 管理中心巡更点

按照图 4-1-6 所示安装管理中心巡更点。

### 4. 单元门口 2 巡更点

按照图 4-1-7 所示安装单元门口 2 巡更点。

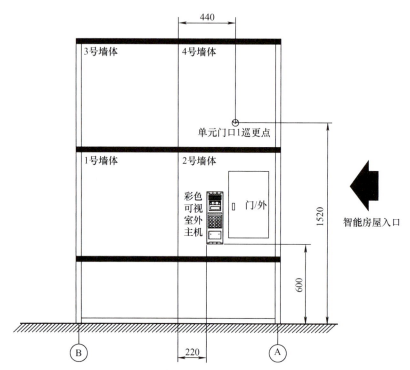

图 4-1-4　单元门口 1 巡更点安装施工图

图 4-1-5　机房室外巡更点安装施工图

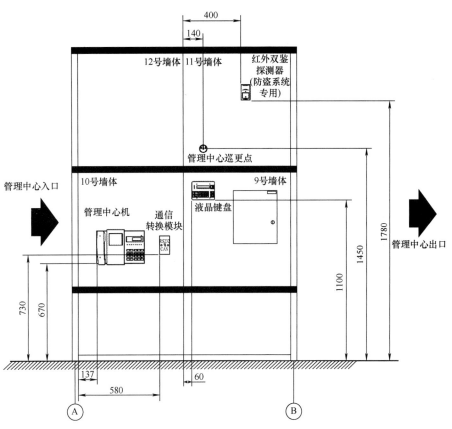

图 4-1-6 管理中心巡更点安装施工图

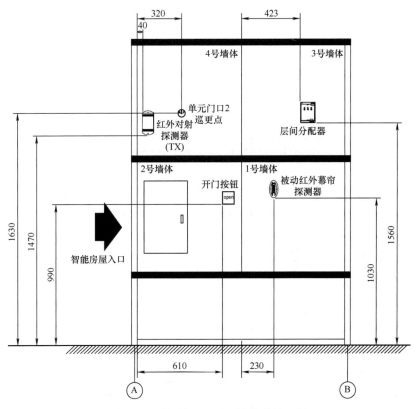

图 4-1-7 单元门口 2 巡更点安装施工图

## 学习活动 4  总结与评价

### 一、工作总结

以小组为单位，选择演示文稿、展板、海报、录像等形式中的一种或几种向全班展示，汇报学习成果。

### 二、综合评价

请同学们积极回顾与总结，完成自我评价和小组互评，教师通过观察，根据大家在整个过程中的表现，完成教师评价；学生客观地观察自己的评价情况，明确努力方向，并填写表 4-1-7。

表 4-1-7  巡更管理系统安装评价表

| 评价项目 | 评价内容 | 评价标准 | 评价方式 | | |
|---|---|---|---|---|---|
| | | | 自我评价 | 小组评价 | 教师评价 |
| 职业素养 | 安全意识、责任意识 | A. 作风严谨、自觉遵章守纪、出色完成工作任务<br>B. 能够遵守规章制度，较好地完成工作任务<br>C. 遵守规章制度，没完成工作任务，或完成工作任务但忽视规章制度<br>D. 不遵守规章制度，没完成工作任务 | | | |
| | 学习态度、主动性 | A. 积极参与教学活动，全勤<br>B. 缺勤达本任务总学时的 10%<br>C. 缺勤达本任务总学时的 20%<br>D. 缺勤达本任务总学时的 30% | | | |
| | 团队合作意识 | A. 与同学协作融洽，团队合作意识强<br>B. 与同学能沟通，协同工作能力较强<br>C. 与同学能沟通，协同工作能力一般<br>D. 与同学沟通困难，协同工作能力较差 | | | |
| 专业能力 | 学习活动 1 明确工作任务 | A. 按时、完整地完成工作页，问题回答正确<br>B. 按时、完整地完成工作页，问题回答基本正确<br>C. 未能按时、完整地完成工作页，或内容遗漏、错误较多<br>D. 未完成工作页 | | | |
| | 学习活动 2 施工前准备 | A. 学习活动评价成绩为 90～100 分<br>B. 学习活动评价成绩为 75～89 分<br>C. 学习活动评价成绩为 60～74 分<br>D. 学习活动评价成绩为 0～59 分 | | | |
| | 学习活动 3 现场施工 | A. 学习活动评价成绩为 90～100 分<br>B. 学习活动评价成绩为 75～89 分<br>C. 学习活动评价成绩为 60～74 分<br>D. 学习活动评价成绩为 0～59 分 | | | |
| 创新能力 | | 学习过程中提出具有创新性、可行性的建议 | 加分奖励： | | |
| 班级 | | | 学号 | | |
| 姓名 | | | 综合评价等级 | | |
| 指导教师 | | | 日期 | | |

## 任务4.2　巡更管理系统的调试

### 工作情景描述

　　某楼盘的商品房即将交付业主，小区的安防交付标准要求小区巡更人员每日定时到指定地点进行安全巡视，物业管理人员可调阅、打印巡更人员的工作情况，加强对巡更人员的管理，实现人防和技防相结合、不留任何死角的安全防范。请根据客户要求对巡更系统进行各项功能的调试。

### 任务目标

　　**知识与技能目标：**
　　（1）掌握巡更管理系统的检测标准，并用此标准指导任务实施。
　　（2）掌握巡更管理软件的安装方法。
　　（3）掌握巡更管理软件的编程及故障排查能力。
　　**过程与方法目标：**
　　（1）能根据任务要求和实际情况，合理制订工作计划。
　　（2）能够按照任务书要求完成巡更管理软件各项编程操作。
　　（3）能够对任务实施做出合理的总结和评价。
　　**态度与价值观目标：**
　　培养学生严谨的职业态度，提升安全防范意识，提升自我评价总结能力。

### 建议课时　6 课时。

## 学习活动 1　明确工作任务

### 一、阅读施工任务单

　　阅读施工任务单，了解本次施工任务的工作内容，制订施工计划，完善施工相关信息，并填写表 4-2-1。

表 4-2-1　巡更管理系统调试施工任务单

工程项目名称：巡更管理系统调试

| 工种 / 班组长 | | 施工日期 | | |
|---|---|---|---|---|
| 序号 | 施工部位 / 任务纪要 | 作业人数 | 开始时间 | 结束时间 |
| 1 | 设备、耗材选取购买 | | | |
| 2 | 设备安装、接线 | | | |
| 3 | 设备参数调试 | | | |
| 4 | 现场清理 | | | |

（续）

| 近期作业人员进场计划及施工进场计划 | 工程量计算方式 | |
|---|---|---|
| | | |
| | 完成质量 | |
| | 安全文明生产情况 | |
| 备注：所有施工人员施工前，应了解施工图接线要求、任务要求、技术要求和施工要点。进入施工现场要佩戴安全帽，系好帽扣，高空作业时必须系好安全带。注意安全用电，注意现场卫生 | 派工员 | |
| | 班组长接收人 | |

## 二、认识设备元器件，勘察施工现场

（1）勘察巡更管理系统调试施工现场的基本情况，做好记录。

（2）了解巡更管理软件的安装要求使用说明书、记录软件的应用要点。

# 学习活动 2　施工前准备

## 一、巡更管理系统检测标准

（1）巡更管理系统检测应符合国家标准《安全防范工程技术标准》（GB 50348—2018）第 7.2.5 条的相关规定。

1）在线巡更或离线巡更的信息采集点（巡更点）的位置应合理设置。

2）现场设备的安装位置应易于操作，注意防破坏。

（2）巡更终端抽检的数量应不低于 20%，且不少于 3 台；当少于 3 台时，应全数检测。系统功能、联动功能和数据记录等应全数检测。检测结果符合设计要求为合格，被检设备的合格率应为 100%。

（3）离线式巡更系统的检测应包括下列内容：

1）巡更设备的完好率及其功能。

2）巡更软件的功能。

3）巡更记录。

4）防止巡更数据和信息被恶意破坏或修改的功能。

5）管理制度和措施。

（4）离线式巡更系统功能的检测应符合下列要求：

1）观察巡更棒、下载器等设备的外观应完好，以实际操作检查它们的功能，确保功能正常。

2）通过软件演示检查巡更软件的功能，包括对巡更班次、巡更路线的设置、软件启动口令保护功能、防止非法操作等。

3）检查巡更记录，包括巡更数据下载、报表生成功能；巡更人员、巡更路线、巡更时间等记录的储存和打印输出功能；可按人名、时间、巡更班次、巡更路线等进行查询、统计等，均应符合设计要求。

4）模拟对巡更数据和信息的修改，检查防止恶意破坏或修改的功能，应符合设计要求。

（5）在线式巡更系统的检测应包括下列内容：

1）现场读卡器、巡更开关功能（包括灵敏度和防破坏）。

2）巡更路线和巡更时间的设定、修改和数据的传输功能。

3）系统和读卡器间进行的信息传输功能。

4）监控中心对现场读卡器的管理功能。

5）巡更异常时的故障报警功能。

6）依据设计要求的系统联动功能。

7）系统管理软件的功能。

8）对读卡器通信回路的自动检测功能。

9）巡更数据记录检查。

（6）在线式巡更系统功能的检测应符合下列要求：

1）检查管理计算机和读卡器间进行的信息传输，包括巡更路线和巡更时间设置数据向现场读卡器的传输；现场巡更记录向监控中心的传输应符合设计要求。

2）在监控中心管理计算机上，检查系统的编程和修改功能，进行多条巡更路线和不同巡更时间间隔设置、修改，并使之符合设计要求。

3）在监控中心管理计算机上，对现场读卡器进行授权、取消授权、布防、撤防等操作，检查系统对现场读卡器的管理功能，应符合设计要求。

## 二、巡更软件的安装

### 1. 软件的安装

运行光盘中的 setup.exe 文件，依据提示即可完成安装。安装过程中可能需要重新启动计算机。

### 2. 驱动的安装

第一次安装软件后，将巡更器用 USB 传输线与计算机连接好，出现"找到新的硬件向导"窗口，如图 4-2-1 所示。

选择"是，仅此一次"选项，单击"下一步"按钮，出现安装向导界面，如图 4-2-2 所示。

图 4-2-1　"找到新的硬件向导"界面

图 4-2-2　安装向导界面

选择"从列表或指定位置安装"选项，单击"下一步"按钮，出现驱动程序选取界面，如图 4-2-3 所示。

选择"在搜索中包括这个位置"选项，单击"浏览"按钮，选择 USB 驱动所在的文件夹，单击"下一步"按钮，出现图 4-2-4 所示界面。

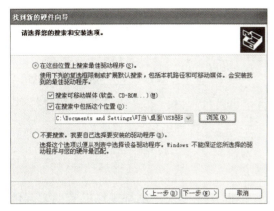

图 4-2-3　驱动程序选取界面　　　　　图 4-2-4　完成找到新硬件向导界面

单击"完成"按钮，则 USB 驱动安装成功。

### 3. 查看设备

安装完 USB 驱动后，可以在"设备管理器"中查看所用的串口号，选择"计算机"按右键选择"属性"命令，如图 4-2-5 所示。在属性中选择硬件，单击"设备管理器"，在管理器中选择端口（COM 和 LPT），出现 CP2101 USB to UART Bridge Controller（COM3），则在软件中应用的串口号为 COM3，如图 4-2-6 所示。

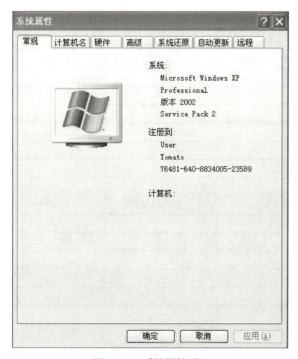

图 4-2-5　系统属性界面

然后在软件的"系统设置"里面更改串口号为"COM3"，如图 4-2-7 所示。

图 4-2-6　设备管理器

图 4-2-7　系统设置

## 三、制订工作计划

查阅相关资料，了解任务实施的基本步骤，根据任务要求，结合现场勘察的实际情况，制订小组工作计划，并填写表 4-2-2。

表 4-2-2　巡更管理系统调试工作计划表

**巡更管理系统调试**

一、人员分工

1. 小组负责人：

2. 小组成员及分工：

| 姓名 | 主要职责 |
|---|---|
|  |  |
|  |  |
|  |  |
|  |  |

二、工具及材料清单

| 序号 | 工具或材料名称 | 单位 | 数量 | 备注 |
|---|---|---|---|---|
|  |  |  |  |  |
|  |  |  |  |  |
|  |  |  |  |  |
|  |  |  |  |  |
|  |  |  |  |  |
|  |  |  |  |  |

三、工序及工期安排

| 序号 | 工作内容 | 开始时间 | 结束时间 | 备注 |
|---|---|---|---|---|
|  |  |  |  |  |
|  |  |  |  |  |
|  |  |  |  |  |
|  |  |  |  |  |
|  |  |  |  |  |
|  |  |  |  |  |

四、安全防护措施

## 四、评价

以小组为单位，展示本组制订的工作计划，然后在教师点评基础上对工作计划进行修改和完善，并根据表 4-2-3 中的评分标准进行评分。

表 4-2-3　巡更管理系统调试工作计划评分表

| 评价内容 | 分值 | 评分 | | |
| --- | --- | --- | --- | --- |
| | | 自我评价 | 小组评价 | 教师评价 |
| 计划制订是否有条理 | 10 | | | |
| 计划是否全面、完善 | 10 | | | |
| 人员分工是否合理 | 10 | | | |
| 任务要求是否明确 | 20 | | | |
| 工具清单是否正确、完善 | 20 | | | |
| 材料清单是否正确、完善 | 20 | | | |
| 团队合作 | 10 | | | |
| 合计 | | | | |

# 学习活动 3　现场施工

## 一、巡更软件的使用

### 1. 系统设置

软件安装完成后，即可在开始→程序→巡更管理系统 A1.0 中单击"巡更管理系统 A1.0"项，系统启动，并出现登录窗口。"用户登录"界面如图 4-2-8 所示。

如果是第一次使用该系统，请选择"系统管理员"登录系统，口令为"333"，这样可以以管理员的身份登录巡更管理系统菜单。如图 4-2-9 所示。

图 4-2-8　"用户登录"界面

图 4-2-9　巡更管理系统菜单

### 2. 基本设置

（1）人员设置。此选项用来对巡更人员进行设置，以便用于日后对巡更情况的查询，如图 4-2-10 所示。

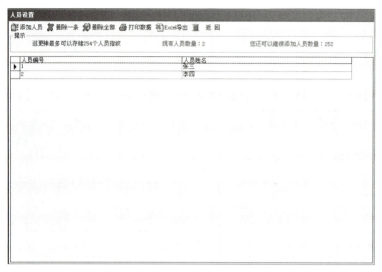

图 4-2-10　"人员设置"界面

人员姓名信息为手动添加，如图 4-2-11 所示，最多 7 个汉字或者 15 个字符。添加完毕后，可以在表格内对人员姓名进行修改。中文机内最多存储 254 位人员的信息，在该界面的上方有数量提示。

单击"打印数据"按钮可以将巡更人员设置情况进行打印。也可以以 Excel 表格的形式将人员设置导出，以备查看。

（2）地点设置。此选项用来对巡更地点进行设置，以便用于日后对巡更情况的查询。"地点设置"界面如图 4-2-12 所示。

图 4-2-11　添加人员

图 4-2-12　"地点设置"界面

设置地点之前，可先将巡更棒清空（在"采集数据"的界面，将巡更棒设置成正在通信的状态，单击"删除数据"按钮，即可删除中文机内的历史数据），然后将要设置的地点钮按顺序依次读入巡更棒中，把巡更棒和计算机连接好，选择"资源设置→地点钮设置"命令，单击"采集数据"按钮，软件会自动存储数据。数据采集结束后，按顺序填写每个地点名称。修改完毕退出即可。中文机内最多存储 1000 个地点信息，在该界面的上方有数量提示。

　　单击"打印数据"按钮可以将地点设置情况进行打印，也可以以 Excel 表格的形式将地点设置导出，以备查看。

　　（3）事件设置。此选项用来对巡更事件进行设置，便于日后对巡更情况的查询。"事件设置"界面如图 4-2-13 所示。

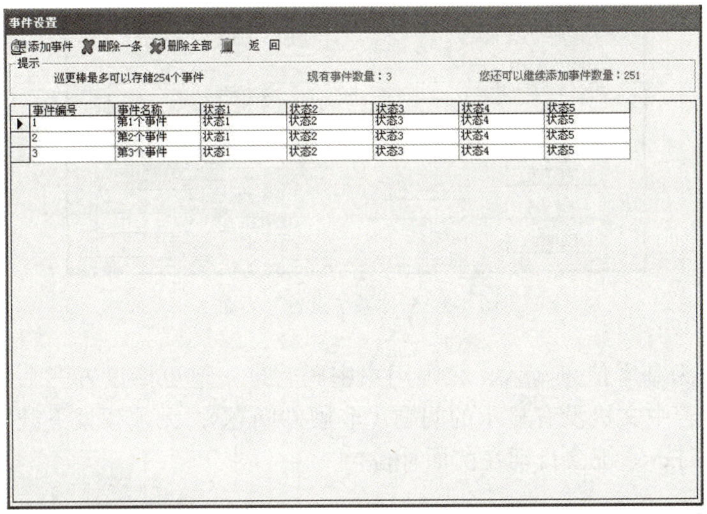

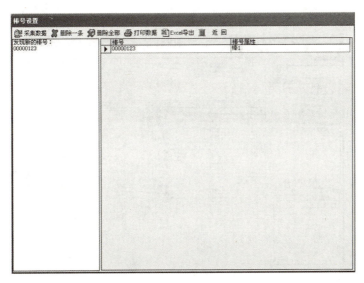

图 4-2-13　"事件设置"界面

　　事件信息为手动添加。单击"添加事件"按钮，系统会自动添加一条默认的事件，在相应的表格内直接修改事件名称和状态名称即可。中文机内最多存储 254 个事件信息，在该界面的上方有数量提示。

　　（4）棒号设置。此选项用来对棒号进行设置，以便用于日后对巡检情况的查询。"棒号设置"界面如图 4-2-14 所示。

图 4-2-14　"棒号设置"界面

将巡更棒和计算机连接好，将巡更棒设置成正在通信状态，单击"采集数据"按钮，软件会自动存储数据。数据采集结束后，在相应表格内修改名称，修改完毕退出即可。

　　单击"打印数据"按钮可以将棒号情况进行打印，也可以以 Excel 表格的形式将棒号导出，以备查看。

　　（5）系统设置。第一次进入软件时，应首先对系统进行设置。"系统设置"界面如图 4-2-15 所示。

图 4-2-15　"系统设置"界面

　　系统设置分为基本信息写入、权限用户密码管理、巡更棒设置三个部分。下载字库需要较长时间，若中文机没有显示的问题（非硬件问题），无须频繁下载字库。巡更棒号码为 8 位，不够时，系统会自动在前面补位。

### 3. 功能设置

　　（1）线路设置。该界面的左下角区域为线路设置区，可以添加一条新的线路或者删除已有的线路，删除线路时请慎重（删除线路后，该线路内的巡更信息也被删除）。左上角地点操作区内，会详细列举地点的编号和名称，以及线路的列表选择相应的线路名称，勾选该线路内包含的地点信息，单击"导入线路"按钮，软件会自动保存相应的数据。右侧表格内显示的是相应线路的具体巡更信息。到达下一个地点时间和顺序可以修改，其他为只读。到达下一个地点时间单位是 min，最小为 1min。"线路设置"界面如图 4-2-16 所示。

图 4-2-16　"线路设置"界面

（2）计划设置。根据实际情况输入计划名称，然后选择该计划对应的线路，设置相应的时间后，单击"添加计划"按钮。计划被保存后，在右侧的表格内会有相应的显示，表格内的数据不能修改，若需要修改某个计划，可以删除该计划后重新添加。

计划设置包括两种模式：有序计划和无序计划。

有序计划：只设置开始时间，在计划执行的巡更过程中，线路中第一个点到达的时间就是开始时间，第二个点的到达时间是第一个的时间加上"线路设置"中的"到下一地点时间"，得到的就是第二个点的准确的时间，这样依次得到以后每个点的准确到达时间。

无序计划：要设置开始时间和结束时间。只要在设置的这段时间范围内巡更了，就是符合要求的。虽然中文机中有巡更的次序，但是软件考核时无次序，只要到达了，就是合格的。

"计划设置"界面如图4-2-17所示。

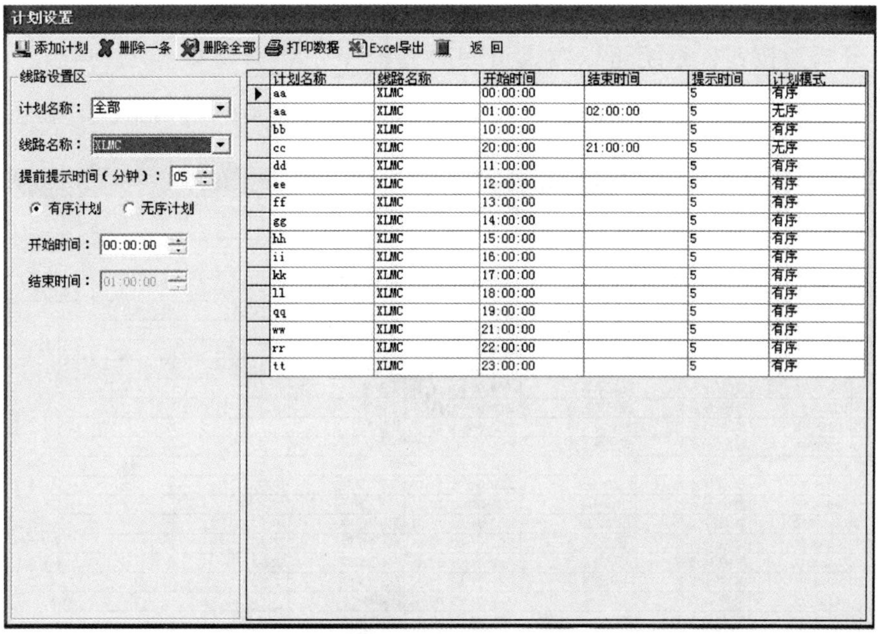

图4-2-17 "计划设置"界面

（3）下载档案。修改人员、地点或者事件信息后，请重新下载数据到中文机中，这样能保证软件中设置的数据与中文机的数据实时保持一致。下载计划时，首先要设置中文机为正在通信状态，选择好要下载的计划后，单击"下载数据"按钮即可。"下载档案"界面如图4-2-18所示。

### 4. 数据设置

（1）采集数据。

1）数据采集。将巡更棒与计算机连接好，并将巡更棒设置成正在通信的状态，单击"采集数据"按钮，软件会自动提取巡更棒内的数据保存到数据库当中，如图4-2-19所示。

2）删除数据。将巡更棒与计算机连接好，并将巡更棒设置成正在通信的状态，单击

"删除数据"按钮,可以将巡更棒硬件内存储的历史数据删除。在前期基础设置时,可以先在该界面采集并删除巡更棒内部的历史数据,再进行设置操作,可以避免历史数据造成的影响。

3)删除一条、删除全部。该操作是针对软件而言的,它删除软件数据库内对应的历史数据,与巡更棒无关。

4)图形分析。系统可对记录进行图形分析,方便用户直观地查看各个人员或地点的巡更情况。具体操作如下:单击"数据查询"按钮,可查询出相应条件的数据,然后单击"图形分析"按钮,出现的"图形分析"界面如图4-2-20所示。单击"地点分析"按钮,系统会自动形成图表分析。单击"人员分析"或"时间分析"按钮,系统可以对人员或时间段进行分析。

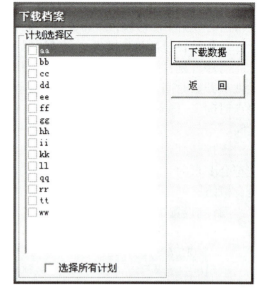

图 4-2-18 "下载档案"界面

| | 钮号 | 地点 | 人员 | 巡更时间 | 事件内容 | 事件状态 | 棒号属性 |
|---|---|---|---|---|---|---|---|
| 10 | 002EA2ED | 第3张地点卡 | 无记录人员 | 2090-04-07 03:28 | 无事件 | | |
| 11 | 002EA2ED | 第3张地点卡 | 无记录人员 | 2009-03-31 10:18 | 无事件 | | |
| 12 | 00A42A85 | 第3张地点卡 | 无记录人员 | 2009-03-31 11:17 | 无事件 | | |
| 13 | 00268C74 | 第5张地点卡 | 无记录人员 | 2009-03-31 11:19 | 无事件 | | |
| 14 | 00268C74 | 第5张地点卡 | 无记录人员 | 2009-03-31 11:20 | 无事件 | | |
| 15 | 003BF21D | 第2张地点卡 | 无记录人员 | 2009-03-31 11:36 | 无事件 | | |
| 16 | 003BF21D | 第2张地点卡 | 无记录人员 | 2009-03-31 11:37 | 无事件 | | |
| 17 | 000D9A74 | 第6张地点卡 | ZHANGSAN | 2009-04-02 14:39 | 第1个事件 | 状态1 | |
| 18 | 000D9A74 | 第6张地点卡 | ZHANGSAN | 2009-04-02 14:53 | 第1个事件 | 状态1 | |
| 19 | 0007409F | 第7张地点卡 | ZHANGSAN | 2009-04-02 16:31 | 第2个事件 | 1123.57 | |
| 20 | 00166DA3 | 第8张地点卡 | ZHANGSAN | 2009-04-02 16:31 | 第3个事件 | 5000.00 | |
| 21 | 000D9A74 | 第6张地点卡 | 无记录人员 | 2009-04-03 09:43 | 第1个事件 | 状态1 | |
| 22 | 0048AB47 | 第9张地点卡 | 无记录人员 | 2009-04-03 09:43 | 第2个事件 | 状态2 | |
| 23 | 0007409F | 第7张地点卡 | 无记录人员 | 2009-04-03 09:43 | 第3个事件 | 状态3 | |
| 24 | 00166DA3 | 第8张地点卡 | 无记录人员 | 2009-04-03 09:44 | 无事件 | | |
| 25 | 00166DA3 | 第8张地点卡 | DSD | 2009-04-03 10:16 | 第1个事件 | 1234.56 | |
| 26 | 0007409F | 第7张地点卡 | DSD | 2009-04-03 10:16 | 第2个事件 | 状态2 | |
| 27 | 0048AB47 | 第9张地点卡 | DSD | 2009-04-03 10:17 | 第3个事件 | 状态3 | |
| 28 | 000D9A74 | 第6张地点卡 | DSD | 2009-04-03 10:17 | 第1个事件 | 状态5 | |
| 29 | 0007409F | 第7张地点卡 | 无记录人员 | 2009-04-03 10:18 | 第2个事件 | 状态1 | |
| 30 | 00166DA3 | 第8张地点卡 | 无记录人员 | 2009-04-03 10:18 | 第1个事件 | 5000.00 | |
| 31 | 0048AB47 | 第9张地点卡 | 无记录人员 | 2009-04-03 10:18 | 第2个事件 | 状态1 | |
| 32 | 000D9A74 | 第6张地点卡 | 无记录人员 | 2009-04-03 10:18 | 第1个事件 | 状态5 | |

图 4-2-19 "采集数据"界面

(2)计划实施。正确的操作步骤:

1)在计划实施区域内,选择一段要考核的时间范围(尽量选择小范围,范围越小,考核速度越快),给定一个误差时间(误差时间对于无序计划无效),单击"计划实施"按钮,待考核完毕后,表格内会显示相应的考核情况。若人员未到达,"考核状态"栏会以红色显示,如图4-2-21所示。

2)选择相应的查询条件,可以对考核出的数据进行检索,查找出需要的数据。例如,若需要分析2009-07-01的数据,误差10min,则选择相应的开始结束时间和误差事件后进行分析。分析后，在"线路查询区"内选择需要查询的条件（勾选相应的条件，选择具体要查询的数据）单击"数据查询"按钮后即可。

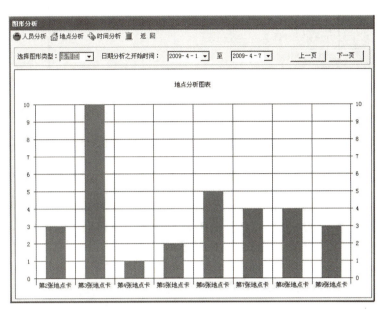

图 4-2-20　"图形分析"界面

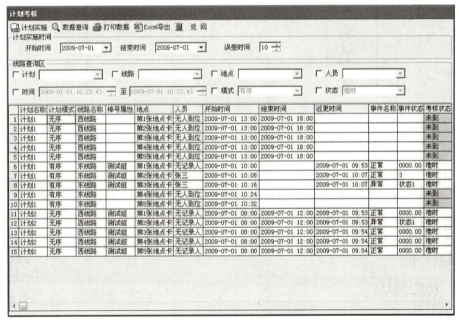

图 4-2-21　计划考核界面

### 5. 下载数据

（1）数据库备份。此功能用于对数据库进行备份，以供日后恢复数据库使用。单击"数据操作"→"备份数据库"选项此时会出现数据另存界面，如图 4-2-22 所示，这时用户可根据日期给文件命名，方便以后查询。

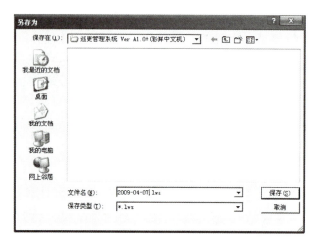

图 4-2-22　数据另存界面

（2）数据库还原。用户可根据自己的需要，选择需要还原的时间段，将备份的数据进行还原。数据"打开"界面如图 4-2-23 所示。

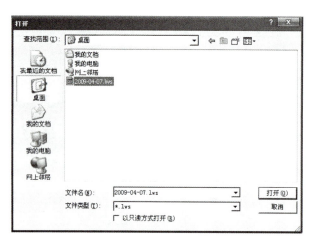

图 4-2-23　数据"打开"界面

（3）数据初始化。数据初始化可以把软件中设置的信息恢复到初始化状态，如图 4-2-24 所示。

选择要初始化的项目名称，单击"确定"按钮后，系统自动将该项目初始化。

## 二、功能调试

图 4-2-24　数据初始化

按照调试要求，在巡更软件上完成以下功能的设置：

（1）根据施工图正确设置巡更点名称。

（2）设置巡更人员为"王新"，设置两个巡更事件，事件的状态 1 为"异常"，状态 2 为"正常"。

（3）设置两条巡更路线。巡更路线 1 为单元门口 1 巡更点—单元门口 2 巡更点—管理中心巡更点—机房室外巡更点。设置巡更路线 2 为单元门口 2 巡更点—单元门口 1 巡更点—管理中心巡更点—机房室外巡更点。每个巡更点相隔时间为 6min。

（4）设置两个有序计划。计划 1 为根据路线 1 巡更，名称为"周巡"；计划 2 根据路线 2 巡更，名称为"日巡"。两个计划均以"王新"身份执行巡更，起始时间为 9：30。

（5）将运行记录保存在计算机 D 盘"工位号"文件夹下的"巡更管理系统"子文件夹内。

## 三、项目验收

在验收阶段，各小组派代表进行交叉验收，并填写验收记录，见表 4-2-4。

表 4-2-4　巡更管理系统调试验收记录表

| 验收问题记录 | 整改措施 | 完成时间 | 备注 |
|---|---|---|---|
|  |  |  |  |
|  |  |  |  |
|  |  |  |  |
|  |  |  |  |

以小组为单位认真填写巡更管理系统调试验收报告，并将学习活动中的系统调试项目在表 4-2-5 中填写完整。

表 4-2-5　巡更管理系统调试验收报告

| 工程项目名称 | 巡更管理系统调试 | | | |
|---|---|---|---|---|
| 施工单位 |  | 联系人 |  |  |
| 地址 |  | 电话 |  |  |
| 项目责任人 |  | 施工周期 |  |  |
| 工程概况 |  |  |  |  |
| 现存问题 |  | 完成时间 |  |  |
| 改进措施 |  |  |  |  |
| 验收结果 | 主观评价 | 客观测试 | 施工质量 | 材料移交 |
|  |  |  |  |  |

以小组为单位，展示本组巡更管理系统调试成果，根据表 4-2-6 所列的评分标准进行评分。

表 4-2-6　巡更管理系统调试评分表

| 评分内容 | | 配分 | 重点检查内容 | 评分标准 | 分值 | 得分 | 备注 |
|---|---|---|---|---|---|---|---|
| 巡更管理系统调试 | 巡更点名称与地点设置 | 10 | 巡更点名称与地点<br>单元门口 1 巡更点<br>机房室外巡更点<br>管理中心巡更点<br>单元门口 2 巡更点 | 巡更点名称与地点相符 | 10 |  |  |
|  | 巡更人员巡更事件设置 | 20 | 设置巡更人员为"王新"<br>设置两个巡更事件，事件的状态 1 为"异常"，状态 2 为"正常" | 巡更人员正确：王新 | 10 |  |  |
|  |  |  |  | 巡更事件正确：<br>状态 1 为"异常"<br>状态 2 为"正常" | 10 |  |  |

（续）

| 评分内容 | | 配分 | 重点检查内容 | 评分标准 | 分值 | 得分 | 备注 |
|---|---|---|---|---|---|---|---|
| 巡更管理系统调试 | 巡更路线设置 | 30 | 巡更路线1为单元门口1巡更点—单元门口2巡更点—管理中心巡更点—机房室外巡更点<br>巡更路线2为单元门口2巡更点—单元门口1巡更点—管理中心巡更点—机房室外巡更点<br>每个巡更点间隔时间为6 min | 巡更路线1正确 | 10 | | |
| | | | | 巡更路线2正确 | 10 | | |
| | | | | 间隔时间正确：6分钟 | 10 | | |
| | 巡更计划设置 | 20 | 设置两个有序计划，计划1为根据路线1巡更，名称为"周巡"；计划2根据路线2巡更，名称为"日巡"。两个计划均以"王新"身份执行巡更，起始时间为9：30 | 计划1正确 | 10 | | |
| | | | | 计划2正确 | 10 | | |
| | 数据保存 | 20 | 将运行记录保存在计算机D盘"工位号"文件夹下的"巡更管理系统"子文件夹内 | 计划1巡更记录正确 | 4 | | |
| | | | | 计划2巡更记录正确 | 4 | | |
| | | | | 对巡更记录分析记录 | 4 | | |
| | | | | 保存位置正确 | 4 | | |
| | | | | 文件命名正确 | 4 | | |

# 学习活动4　总结与评价

## 一、工作总结

以小组为单位，选择演示文稿、展板、海报、录像等形式中的一种或几种，向全班展示，汇报学习成果。

## 二、综合评价

请同学们积极回顾与总结，完成自我评价和小组互评，教师通过观察，根据大家在整个过程中的表现，完成教师评价；学生客观地观察自己的评价情况，明确努力方向，并填写表4-2-7。

表4-2-7　巡更管理系统调试评价表

| 评价项目 | 评价内容 | 评价标准 | 评价方式 | | |
|---|---|---|---|---|---|
| | | | 自我评价 | 小组评价 | 教师评价 |
| 职业素养 | 安全意识、责任意识 | A.作风严谨、自觉遵章守纪、出色完成工作任务<br>B.能够遵守规章制度，较好地完成工作任务<br>C.遵守规章制度，没完成工作任务，或完成工作任务但忽视规章制度<br>D.不遵守规章制度，没完成工作任务 | | | |
| | 学习态度、主动性 | A.积极参与教学活动，全勤<br>B.缺勤达本任务总学时的10%<br>C.缺勤达本任务总学时的20%<br>D.缺勤达本任务总学时的30% | | | |

（续）

| 评价项目 | 评价内容 | 评价标准 | 评价方式 | | |
|---|---|---|---|---|---|
| | | | 自我评价 | 小组评价 | 教师评价 |
| 职业素养 | 团队合作意识 | A. 与同学协作融洽，团队合作意识强<br>B. 与同学能沟通，协同工作能力较强<br>C. 与同学能沟通，协同工作能力一般<br>D. 与同学沟通困难，协同工作能力较差 | | | |
| 专业能力 | 学习活动 1<br>明确工作任务 | A. 按时、完整地完成工作页，问题回答正确<br>B. 按时、完整地完成工作页，问题回答基本正确<br>C. 未能按时、完整地完成工作页，或内容遗漏、错误较多<br>D. 未完成工作页 | | | |
| | 学习活动 2<br>施工前准备 | A. 学习活动评价成绩为 90～100 分<br>B. 学习活动评价成绩为 75～89 分<br>C. 学习活动评价成绩为 60～74 分<br>D. 学习活动评价成绩为 0～59 分 | | | |
| | 学习活动 3<br>现场施工 | A. 学习活动评价成绩为 90～100 分<br>B. 学习活动评价成绩为 75～89 分<br>C. 学习活动评价成绩为 60～74 分<br>D. 学习活动评价成绩为 0～59 分 | | | |
| 创新能力 | | 学习过程中提出具有创新性、可行性的建议 | 加分奖励： | | |

| 班级 | | 学号 | |
|---|---|---|---|
| 姓名 | | 综合评价等级 | |
| 指导教师 | | 日期 | |

## ▶▶ 知识拓展

### 知人者智，自知者明

　　老子在《道德经》中写道："知人者智"，意思是了解他人的人是聪明的；这句话的下一句"自知者明"，意思是能清醒地认识自己、对待自己，才是最聪明、最难能可贵的。能战胜别人的人是有力量的，能战胜自己的人则更加强大。由此可见，正确地认识自己和他人是一门大学问，值得我们研究和探索。

　　认识自己和认识他人并不是独立的。在认识他人的过程中，我们能从他人身上学到很多东西，即所谓"见贤思齐，见不贤而内自省"；正确地认识自己，经常放下脚步回顾自己的行为，经常总结自己，发现自己的优点和不足，正确地评价自己。如果做到了正确、全面地认识自己，形成较为完整的认知体系，便可以更好、更准确地认识他人。正确地认识自己，正确地对待他人，对个人、家庭乃至社会都是有益处的。

　　认识他人，是智慧；认识自己，是高明。我们不断升华自己，与他人交流学习，相互促进，遇见更好的自己。

# 参 考 文 献

［1］章云，许锦标，谷刚，等.建筑智能化系统［M］.2版.北京：清华大学出版社，2017.
［2］王再英，韩养社，高虎贤.智能建筑：楼宇自动化系统原理与应用［M］.北京：电子工业出版社，2011.
［3］中华人民共和国住房和城乡建设部，国家市场监督管理总局.安全防范工程技术标准：GB 50348—2018［S］.北京：中国计划出版社，2018.
［4］中华人民共和国建设部.入侵报警系统工程设计规范：GB 50394—2007［S］.北京：中国计划出版社，2007.
［5］公安部技术监督委员会办公室.社会公共安全标准汇编：安全防范报警系统部分1［M］.北京：中国标准出版社，1995.
［6］公安部技术监督委员会办公室.社会公共安全标准汇编：安全防范报警系统部分2［M］.北京：中国标准出版社，1998.
［7］中华人民共和国建设部.视频安防监控系统工程设计：GB 50395—2007［S］.北京：中国计划出版社，2007.
［8］杨磊，李峰，田艳生.闭路电视监控系统［M］.北京：机械工业出版社，2007.
［9］公安部教材编审委员会.安全技术防范［M］.北京：中国人民公安大学出版社，2001.
［10］陈龙，李仲男，彭喜东，等.智能建筑安全防范系统及应用［M］.北京：机械工业出版社，2007.
［11］张言荣，王殿春，袁萍，等.智能建筑安全防范自动化技术［M］.北京：中国建筑工业出版社，2002.